DU MÊME AUTEUR

CE QU'IL ADVINT DU SAUVAGE BLANC, roman, Gallimard, 2012 (Folio n° 5623).

POUR TROIS COURONNES, roman, Gallimard, 2013 (Folio n° 5853).

LA BALEINE DANS TOUS SES ÉTATS, Gallimard, 2015 (Folio n° 6223).

L'EFFROI, roman, Gallimard, 2016.

MARCHER À KERGUELEN

FRANÇOIS GARDE

MARCHER
À KERGUELEN

GALLIMARD

À Bertrand, Fred et Mika,
mes compagnons d'aventure

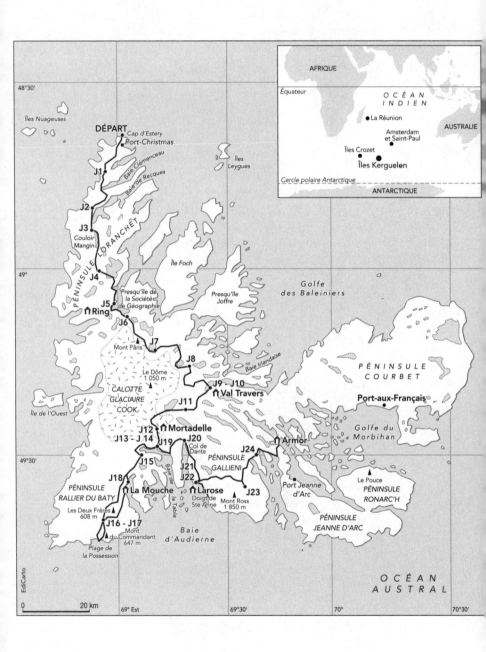

DÉPART
Cap d'Estery
Port-Christmas

Îles Nuageuses

48°30'

J1
Baie Clémenceau
Baie de Recques

J2

J3
Couloir
Mangin

Îles
Leygues

Île Foch

49°

J4

Presqu'île de
la Société
de Géographie

Presqu'île
Joffre

Golfe
des Baleiniers

J5
Ring

J6

J7
Mont Pâris

Le Dôme
1 050 m

J8

Baie Irlandaise

PÉNINSULE
COURBET

CALOTTE
GLACIAIRE
COOK

J9 – J10
Val Travers

PÉNINSULE LORANCHET

Île de l'Ouest

J11

Port-aux-Français

J12
Mortadelle

Golfe du
Morbihan

J13 – J14

J19
J20
Col de
Dante

Armor

J24

49°30'

J15

J18
La Mouche

J21
J22

PÉNINSULE
GALLIENI

J23
Port Jeanne
d'Arc

Le Pouce
PÉNINSULE
RONARC'H

Baie de la Table

Larose

PÉNINSULE
RALLIER DU BATY

Doigt de
Ste Anne

Mont Ross
1 850 m

PÉNINSULE
JEANNE D'ARC

Les Deux Frères
608 m

J16 – J17
Mont
du Commandant
647 m

Baie
d'Audierne

Plage de
la Possession

OCÉAN
AUSTRAL

EdiCarto

0   20 km

69° Est   69°30'   70°   70°30'

AFRIQUE

Équateur

OCÉAN
INDIEN

La Réunion

AUSTRALIE

Amsterdam
et Saint-Paul

Îles Crozet

Îles Kerguelen

Cercle polaire Antarctique

ANTARCTIQUE

Là-bas, plus au sud que l'océan Indien, aux confins des quarantièmes rugissants, une île de basalte et de granit. À peu près grande comme la Corse, elle est entaillée de tous côtés de golfes profonds, de baies, de fjords. Ses caps et ses pointes sont prolongés d'îlots bas puis d'écueils. Son centre est recouvert d'une calotte glaciaire. Son ciel, venteux et nuageux. Son climat, toute l'année celui d'une maussade fin d'automne. Déserte, obstinément. Un havre pour des millions d'oiseaux et des centaines de milliers d'otaries et d'éléphants de mer. Inconnue, ou presque. Française, au hasard de sa découverte par Yves Joseph de Kerguelen en 1772, mais si discrètement...

Les quelques tentatives de colonisation et de mise en valeur ont échoué. Depuis 1950, une poignée d'hommes, et maintenant de femmes, y partent pour des missions de six mois ou un an. En 1955, une loi crée le territoire des Terres australes et antarctiques françaises. Une seule implantation, la lilliputienne capitale, Port-aux-Français, avec pendant l'été austral une centaine d'habitants provisoires. En l'absence de toute piste d'atterrissage, cette île reste ancrée au XIXe siècle, le siècle du voyage en bateau. Le Marion Dufresne y effectue quatre rotations par an.

Port-aux-Français se dresse, oh, se dresse à peine, dans la partie la moins spectaculaire de l'île, loin des montagnes et des glaciers. Le site, une large combe en pente douce, a été choisi pour cette rade au mouillage acceptable et cette immense plaine caillouteuse au-dessus, propice à l'installation d'un aérodrome qui jamais ne vint. Quelques bâtiments, jetés comme au hasard, font le gros dos pour résister aux fureurs du vent d'ouest qui chasse la pluie à l'horizontale. De l'autre côté du golfe, le relief en grands à-plats de vert et de brun soutient une haute colline au sommet érodé, le Pouce.

Chaussés de bottes, vêtus de parkas, coiffés de bonnets, quelques hommes passent, tête baissée ou aux commandes d'un engin de chantier. Des éléphants de mer se prélassent sur ce qui tient lieu de voirie. Des goélands tournent au-dessus, inlassablement. La mer est grise, fouettée d'écume, sauf là où des bancs d'algues géantes la maintiennent. Que faire d'autre que d'aller chercher refuge dans un bâtiment, n'importe lequel, la chapelle, la bibliothèque, le restaurant, l'hôpital, ou l'un de ceux où des chambres identiques s'alignent les unes à côté des autres...

À Port-aux-Français, nul ne peut éprouver ni surprise ni sentiment exagéré de bien-être. Cette esquisse de hameau tient à la fois du campus hors saison, du baraquement militaire, du camp de réfugiés. Tout y est fonctionnel, masculin, collectif, amnésique, plutôt bien conçu et bien entretenu, vaguement triste, rincé par les intempéries.

Depuis plus de vingt ans, Kerguelen m'intrigue. J'ai découvert son existence par hasard, comme la plus méconnue des composantes de l'outre-mer. Kerguelen. Ce nom orgueilleux et sonore. Cette absence d'images et d'histoires. Ce vide. Plus je m'informais, plus la fascination agissait. Kerguelen, comme un aimant. Et voilà qu'en 2000 je suis nommé administrateur supérieur des Terres australes et antarctiques françaises. Mon mandat me donne l'occasion inespérée de découvrir l'archipel. Et c'est ainsi qu'entre 2000 et 2004 je m'y rends une dizaine de fois, toujours au chef-lieu.

Je profite de chacun de ces séjours pour découvrir l'intérieur de l'île, en choisissant dans mes équipes deux ou trois compagnons, et m'aventurer toujours plus loin. En l'absence de routes, pas d'autre solution que la marche, ou l'hélicoptère embarqué sur le Marion Dufresne. Une vingtaine de cabanes ont été érigées pour les besoins de la recherche scientifique. Je sélectionne des trajets de deux ou trois jours, nomadisant de l'une à l'autre afin de ne pas avoir à porter de tente. Ici ou là. Mais sans vision d'ensemble.

Ma carte de visite me présente comme l'administrateur de ces lieux et je feins chaque jour tant bien que mal de l'être. Mais au fond de moi, en ce lieu singulier, je me sens plutôt vice-roi des albatros, proconsul des îles froides, connétable des brumes, procurateur des manchots royaux...

Puis vient un mauvais jour où je suis dépossédé de mon apanage. C'est une vraie blessure. Pour la panser, je pars les années suivantes à la découverte du Groenland, du Canada, de l'Islande, de la Patagonie. Certains amants cherchent paraît-il dans leurs maîtresses successives le visage de leur premier amour. De même sans doute, il me fallait retrouver la froidure, le vent, les glaciers, la bruine, les pierres, pour tenter de me consoler de cette perte. Kerguelen, comme un aimant.

L'idée d'y revenir ne me quitte plus désormais, mais sans trop savoir comment faire. En 2007, lors d'un trek au Groenland, un soir au bivouac, Mika, l'un des marcheurs, me propose, comme s'il avait lu dans mes pensées, d'y partir ensemble.

Mika connaît bien Kerguelen. En 1995, il y a hiverné un an comme volontaire à l'aide technique et pendant des années il a accompagné sur l'archipel les rares touristes embarqués sur le Marion Dufresne. *C'est là que je l'ai connu. Son expérience, son calme, son physique de Viking le désignent naturellement comme chef d'expédition. En discutant, nous improvisons un itinéraire, croisant nos souvenirs des cartes et des cabanes. Mille raisons rendent le projet irréalisable, mais il en faut plus pour empêcher des rêveurs de rêver. Plutôt que de dresser la liste des obstacles, nous traçons celle des étapes. Nous préparons méticuleusement une randonnée imaginaire qui, me dis-je, jamais n'aura lieu. Un trajet élégant et radical qui parcourt l'île de l'extrême nord à l'extrême sud.*

*Pour compléter l'équipe, il nous faut Bertrand. Cet ancien officier de marine, photographe exigeant, a commandé de 2001 à 2005 l'*Albatros *puis l'*Osiris, *deux navires de surveillance des pêches autour de Kerguelen. Sa connaissance du climat et du terrain vu de la mer, son humour, son regard affûté nous seront indispensables. L'expédition devra comprendre aussi un médecin. Le nom de Fred s'impose immédiatement. Lui aussi ancien hivernant à Kerguelen en 1999, il a été chef de district et médecin en Terre Adélie en 2004. Aujourd'hui patron de l'unité médicale de haute montagne de Chamonix, il nous soignera si besoin, et nous fera bénéficier de son expérience d'alpiniste.*

Partir, donc ?

À mon retour du Groenland, je n'oublie pas cette conversation. Mais il faut des agréments, un budget, une logistique, du temps libre, et nous n'avons rien de tout cela. Si toutes les îles sont quelque peu inaccessibles, certaines le sont plus que d'autres, et Kerguelen y excelle. Les mois et les années passent et je mets ce projet de côté, sans jamais l'oublier tout à fait.

En 2012, avec la publication de mon premier roman, je deviens officiellement écrivain. Kerguelen est présente à voix basse dans mes livres. Dans Ce qu'il advint du sauvage blanc, le héros regrette de ne pas avoir fait naufrage sur une île froide de l'océan Indien. Les noms de la plupart des personnages de Pour trois couronnes viennent de la carte de Kerguelen. Et dans La baleine dans tous ses états, le texte le plus long décrit ma visite dans l'usine abandonnée de Port-Jeanne-d'Arc. Kerguelen, comme un aimant.

Et si je partais pour écrire ? J'ai enfin trouvé le prétexte et pendant trois ans je cherche les financements, obtiens les autorisations, négocie les agendas. Puis, grâce à Mika, Bertrand et Fred, bien plus compétents que moi, nous réglons une à une les humbles tâches de bureaucratie et d'intendance, qui consomment tant d'énergie pour un résultat bien trivial : se déplacer, dormir, manger, se soigner, la belle affaire ! J'avoue pourtant que j'ai éprouvé un plaisir constant et singulier dans l'établissement des listes de vivres et d'équipements, la mise au point de l'itinéraire et des dépôts, les mille tracas qui devaient rendre possible notre itinérance. Avec la minutie d'un état-major arrêtant un plan de bataille et manœuvrant ses bataillons, nous calculons à l'unité près le nombre de sachets de thé, et leur répartition dans les différents stocks. Cent fois dans ma tête et dix fois sur le papier, je fais la liste des vêtements à emporter. Je jubile dans le magasin en choisissant deux paires de chaussettes. Et l'achat de pansements pour les ampoules aux pieds m'enivre tel un verre de champagne.

Pourtant quelque chose m'échappe encore dans cette aventure. Pour avoir grandi en Provence, je n'ai jamais aimé la pluie froide et chassée par le vent. Il me faut des horizons ensoleillés, accueillants, où s'équilibrent les lignes de la nature et les talents de l'homme. Et cette immédiate promesse de bonheur que l'Italie prodigue à foison.

Dans les Alpes, je marche avec un sac à dos léger. À l'étape, j'apprécie de prendre une douche et un dîner roboratif dans l'ambiance joyeuse d'un refuge. Un téléphone portable pour garder le contact. Une carte de crédit au cas où. Et la possibilité de changer d'avis, de redescendre dans la vallée prendre un train ou un taxi.

Traverser Kerguelen à pied, c'est m'exposer en terrain hostile, sans chemin ni répit ni confort. Ce sont des journées de huit à dix heures de progression toujours difficile avec un sac de vingt-cinq kilos et des nuits sous une tente minimaliste. Pourquoi, alors que je ne suis aventurier ni de profession ni de tempérament, m'infliger à cinquante-six ans l'équivalent du stage commando que je n'ai pas connu pendant mon service militaire ? Pourquoi consentir à vivre dehors pendant plus de trois semaines, en sachant qu'il n'y aura pas d'autre issue que d'aller jusqu'au bout ?

Plus que toutes les autres difficultés, cette durée – trois semaines et demie exactement – m'impressionne. Par bravade, j'aime dire à ceux qui m'interrogent un peu inquiets que je vais juste faire une p'tite balade à Kerguelen. *Ils peuvent s'y laisser prendre, pas moi. Cette durée n'est pas négociable. Pas de désertion ni d'abandon possible. Elle est dictée à la fois par la distance à parcourir et par le temps qui sépare les deux uniques rotations estivales du* Marion Dufresne. *Nous marcherons du 23 novembre au 17 décembre 2015. Une lunaison ou presque. Le temps du signe du Sagittaire, ce centaure porteur d'un arc orientant sa flèche vers les étoiles. Je ne sais comment je vais réagir à une si longue étrangeté.*

Les mystiques se retirent au désert. Les adolescents font leur crise. Les âmes en peine entament une thérapie. Les vaniteux se lancent des défis. Et moi, dans quoi suis-je en train de me lancer?

Je ne connais rien non plus des motivations de mes compagnons. Nous n'en avons jamais parlé. Par pudeur, sans doute. Et peut-être parce que inconsciemment je redoute leurs réponses.

Comment savoir avant d'avoir traversé l'épreuve...

Les paysages que je vais parcourir n'ont même pas pour moi l'attrait de la nouveauté. Au cours de mes précédents séjours, j'ai eu l'occasion de faire étape dans certaines des cabanes où je vais devoir m'arrêter : Mortadelle, Val Travers, Ring, Armor, Larose. Mais je ne dessinais alors que des trajectoires discontinues. Des traits rageurs sur la carte, qui ne se rejoignaient pas, comme des ratures. Et si c'était cela qui au fond m'attirait, comme on fait le tour d'un problème, la volonté d'en finir avec les sortilèges de Kerguelen? De les avoir enfin éprouvés dans leur force et dans leur vérité sans fard, de l'extrême nord à l'extrême sud. Kerguelen, comme un aimant.

Enfin! Enfin, prendre congé de nos familles; monter dans

l'avion pour La Réunion; retrouver avec plaisir le Marion Dufresne; *embarquer le cœur battant; quitter les tropiques et descendre vers des mers de plus en plus froides; répartir dans des bidons les vivres des dépôts successifs; guetter le tout premier albatros dont le long vol serein marque une frontière invisible...*

Puis, un matin...

VERS LA CABANE RING

Lundi 23 novembre – 1ᵉʳ jour

Voilà. L'hélicoptère est reparti, a plongé sous les nuages et a disparu vers la baie de l'Oiseau.

Je me tiens au point le plus au nord de Kerguelen, au cap d'Estaing, sur une terrasse caillouteuse, encore un peu étourdi d'être passé en quelques minutes du confort bruyant du navire à ce promontoire silencieux, nu, minéral, étranger à toute histoire. Le vent, étonnamment, n'est pas au rendez-vous. Seules taches de couleur dans ce paysage gris, les rouges et les bleus des sacs à dos posés au sol.

Les îles Nuageuses ferment l'horizon, et, fidèles à leur nom, restent encapuchonnées comme deux vieilles dames craignant de s'enrhumer. L'océan Austral, animé d'une faible houle comme un cœur qui bat, s'irise de nuances ardoise, suggérant une dureté qu'aucune étrave ne parviendrait à fendre. À gauche, un cap parallèle, empilement tabulaire de coulées basaltiques, protège une baie ouverte au nord, en apparence accueillante.

La brume menace de descendre de la pointe où elle se cantonne. Je fais quelques pas, sans but, comme pour m'assurer de la réalité de ma présence en ces lieux. Mika et Bertrand photographient, avides, depuis le bord de la falaise. Fred piaffe d'impatience.

Je me tiens au sud du monde, sur une terre inhabitée.

À l'aube, après dix jours de mer, une terre s'est laissée apercevoir : falaises noires striées de cascades, baies sombres ourlées d'écume et d'écueils, casquette de nuages gris surplombant pointes acérées et caps verticaux. Le cœur serré, j'ai regardé défiler à tribord ce paysage de désespoir et de crainte.

Nous ne parlons pas. Nous nous préparons à traverser un néant.

En cet instant, deux sentiments se mêlent en moi : la joie, la joie pure d'être là, d'avoir réussi à triompher de tous les obstacles et de revenir ; et la trouille – non pas l'appréhension, la peur, l'inquiétude ou l'angoisse, mais la pétoche, une putain de trouille, une trouille veule, chaude et collante devant ce qui nous attend. Tant d'inconnues sont dissimulées dans ce relief : la pluie, le froid, la traversée des rivières et des glaciers ; la concorde avec mes compagnons, la tenue du matériel, la pertinence de nos choix logistiques ; et, plus que tout, ma résistance à ces vingt-cinq jours de marche.

Je m'en souviens : la trouille m'a accompagné depuis les prémices de cette aventure, et à toutes les étapes de sa préparation. Discrète, elle ne me gênait pas. Elle a peu à peu grandi, l'œil rivé sur le calendrier, puis dans l'avion, sur le bateau. Elle a débarqué avec moi, et, enhardie par la mise à terre, rêvant de prendre le pouvoir, elle ricane, jacasse et conspire.

La joie et la trouille, étrangement, ne se combattent pas, ne se heurtent pas. Elles coexistent et s'ignorent. Toutes deux, violentes, murmurent à mon oreille et me font frémir.

M'accompagneront-elles tout au long du périple, jusqu'au bout, quoi qu'il advienne ?

Je ne veux me confier à personne. Je suis heureux et apeuré à la fois, et cette tension me pousse, silencieux, en avant.

En un tel lieu, l'immobilité serait un leurre, voire une menace. Allons, il faut partir, mettre le bonnet et les gants, fermer la veste, charger le sac à dos, ajuster les sangles, empoigner les bâtons, et faire sur cette pente qui descend vers un lac presque noir un premier pas, un premier pas nécessairement vers le sud, le premier d'une infinité. En cet instant, nous ne sommes pas dans l'excitation d'un commencement, mais dans une forme de gravité. L'inconnu qui nous attend n'est pas anodin – et d'ailleurs il ne nous attend pas, aucun sentier n'y conduit. Cette pente douce bordée sur trois côtés de falaises et sous un opaque plafond de nuages me fait l'effet de l'entrée dans un souterrain.

Le sol, rochers brisés et terre meuble, ne recèle pas de pièges. La matinée s'annonce calme et il faut en profiter. Nous descendons vers le lac de Rochegude et dominons la baie de l'Oiseau. Du *Marion Dufresne*, seul le sommet des superstructures se laisse apercevoir. L'arche de Kerguelen, deux piliers de basalte d'une centaine de mètres, qui se dresse à l'entrée de la baie, reste invisible.

Deux jours plus tôt, les prévisions annonçaient une zone de tempête sur tout le nord de l'île, susceptible de compromettre notre mise à terre. Dans l'urgence, nous avons dû imaginer un autre point de départ plus abrité : l'extrémité de la presqu'île Joffre, au point le plus nord-est de Kerguelen. Un paysage tout autre, bas, érodé, usé, constellé de lacs, de tourbières, entaillé de fjords, et relié au reste de l'île par un isthme étroit. Dans les deux options, par le nord ou par l'est, nous devons être au sixième jour à la cabane Ring où ont été déposés les vivres indispensables pour la suite. Mika a étudié cette route alternative, moins montueuse, mais plus longue. Après un examen minutieux de la carte, il a défini des étapes, repéré des bivouacs.

La décision ne pouvait être prise que ce matin, en fonction des conditions de houle et de vent, notamment pour le vol en hélicoptère. À huit heures, elles se révélaient brièvement favorables et nous avons été déposés non sur la plage du fond de la baie de l'Oiseau, mais un peu au-dessus, exactement au point le plus au nord de l'île.

Je n'oublie pas la leçon de ces deux jours d'incertitude. Ici, la préparation la plus rigoureuse doit s'accompagner d'une capacité d'adaptation, voire de remise en cause, radicale. Il ne suffit pas d'avoir décidé à l'avance. Les plans les meilleurs restent des hypothèses. Les portes de Kerguelen ne sont jamais grandes ouvertes.

Nous nous sommes faufilés par l'huis entrebâillé, juste avant que les vents ne se déchaînent et n'interdisent tout mouvement aérien. Il n'est pas question d'une prise de possession triomphale, de conquête ou de domination. Dans cette forteresse, entrés par une poterne mal gardée, nous nous savons étrangers, à peine tolérés, peut-être indésirables. Nous nous glissons dans les douves puis sur un chemin de ronde, tout étonnés que les hallebardiers ne nous courent pas sus.

Le lac de Rochegude occupe une selle peu élevée entre la baie de l'Oiseau et la baie Ducheyron. Rochegude et Ducheyron, jeunes officiers, faisaient partie de la seconde expédition de Kerguelen, et l'*Oiseau* était l'un de ses deux navires. Quelques hommes ont mis brièvement pied à terre le 6 janvier 1774, en contrebas de ce lac. Notre objectif est la plage de la Possession, dans l'extrême sud, où, le 14 février 1772, lors de son premier voyage, une chaloupe put débarquer. Nous allons remonter le temps de Kerguelen.

En face de nous, une muraille court d'est en ouest, d'une baie à l'autre, et semble infranchissable. Je suis des yeux des barres rocheuses, sur trois niveaux successifs. Pour passer la plus basse, je distingue une voie en bord de falaise côté ouest, au-dessus d'un à-pic qui se termine sur la plage, mais ensuite ? En gravissant cette première pente, j'entends les piaillements d'une colonie de gorfous macaronis. Ces manchots craintifs, dotés de longues aigrettes jaunes sur les sourcils, nichent dans les rochers, bousculés par le ressac, hors d'atteinte. Nous nous arrêtons pour les regarder d'en haut, mais ils se distinguent mal des blocs entre lesquels ils se tiennent. La colonie occupe les pieds de la falaise, sur toute l'étroite bande littorale. Leur dénombrement défie tous les décomptes.

La crête se dissimule dans les nuages, qui peu à peu descendent. Restant au plus près de la falaise, nous zigzaguons dans la montée, plutôt raide, où nous faisons vraiment connaissance avec le poids de nos sacs à dos.

Dans le brouillard maintenant installé, nous constatons avoir perdu Bertrand. Nous l'appelons, mais nos voix ne portent pas. Pendant quelques minutes, sans être véritablement inquiets, nous sommes déconcertés. Puis le vent balaye le flanc de la pente et en un instant nous rend la visibilité. Bertrand marche un peu au-dessus et un peu à gauche, à moins de cent mètres de moi. Ce minuscule épisode confirme la nécessité de toujours progresser à vue, et d'adapter nos distances aux conditions du moment.

Mika va devant. Il émane de ce grand gaillard réfléchi,

de ses silences souriants, de son sens du concret et de son attention aux autres un sentiment de solidité. Je n'imagine pas de problème qu'il ne sache résoudre, de situation sur le terrain qu'il n'ait pas déjà vécue. Le titre de chef d'expédition, que je lui ai conféré pour des motifs bureaucratiques, l'amuse, et il n'a nul besoin d'un grade pour assumer avec naturel la responsabilité du groupe.

Dans cette purée de pois, il se fie au GPS et nous conduit jusqu'au sommet, une plate-forme allongée dont je ne vois ni le début ni la fin. Parmi les écharpes de brume, je découvre que dalles et cailloux sont couverts de lichens : non pas ces organismes rampants, en deux dimensions, abondants en montagne, mais des lichens dressant des brins jaune-vert pâle, pour certains ornés d'une virgule terminale noire, évoquant une fleur fanée, une pensée qui aurait séché après floraison. Ces formations recouvrent toutes les surfaces planes, et, dans cette ambiance imprécise où la lumière n'a ni direction ni force, évoquent une prairie après un cataclysme. Avec un peu de recul, on croirait voir une pelouse mal entretenue. Dans quel autre endroit pourrait-on imaginer passer une tondeuse à gazon sur des lichens ?

De cette acropole un rien funèbre, nous descendons par un système de banquettes, de gradins, de terrasses vers un vallon qui domine le lac Elena et, dans son prolongement, l'anse de l'Écume, toujours en côte ouest. Un recoin abrité du vent protège notre rapide déjeuner : pain, jambon cru, fromage, chocolat. Quoique gourmand, je devine que je ne me lasserai pas de ce menu, immuable jusqu'au dernier jour.

Comme dans les Alpes au-dessus de deux mille mètres, ou comme dans l'Arctique, les arbres et même les buissons sont absents. Le vent est leur ennemi. Rien n'arrête l'œil ni ne dissimule le relief. La terre nue, le rocher nu, le flanc nu des montagnes nous préviennent. Quasiment dépourvu de couvert végétal, ce paysage joue franc jeu. Dès le niveau de la mer, il affiche son austérité.

Une seule plante dans ce chaos rocheux, l'azorelle. Ce coussin rampant, qui croît d'un centimètre par an, conserve toujours, quels que soient le temps et l'éclairage, une couleur vert bourgeon de sapin, mais un vert un peu triste, qu'un rien retient de basculer vers un jaune passé ; un vert néanmoins qui tranche et qui, dans le brouillard, paraît émaner de l'intérieur de la plante. Sa structure, évoquant un peu celle du brocoli mais en bien plus serré, est très sensible au piétinement. Une empreinte de pas y reste gravée pour cinq ou dix ans, et peut suffire à la faire dépérir.

Nous remontons pour trouver un val haut perché, orienté plein sud, et qui fait donc l'affaire. De part et d'autre, à mi-flanc, des formations basaltiques, horizontales et continues, dominent notre progression. À intervalles réguliers, leurs bases sont percées de trous, ou plutôt d'impressionnantes bouches d'ombre, tels les sabords d'un navire, ou des abris de canons dont les tirs croisés interdiraient toute invasion. Ces casemates, cette double ligne Maginot, nous laissent avancer sans ouvrir le feu. Le val descend à la côte ouest, l'anse de l'Iceberg. À son extrémité, taillé à la hache, s'élève le cap Coupé, devant lequel se dresse un monolithe d'une trentaine de mètres, comme une demi-réplique de l'arche sur l'autre côte.

Deux longs cris rauques et sonores d'adolescents à la voix éraillée s'élèvent dans cette ambiance minérale : des appels de jeunes éléphants de mer, invisibles en contrebas. Leur été s'écoule sur la plage, en jeux, en joutes et surtout en siestes.

Il ne s'agit pas de descendre les rejoindre, mais de remonter pour repasser sur la côte est, mieux protégée du vent. Nous nous élevons progressivement sous une crête qui domine l'anse, et parvenons à un petit plateau. Lacs et mares y abondent. Le vent forcit encore. Il s'annonce par un grondement que je n'ai jamais entendu ailleurs, qui évoque le bruit d'un TGV à l'approche. Deux secondes plus tard, la rafale arrive, et gare à l'imprudent qui ne s'y est pas assez préparé, n'a pas bien calé ses pieds et géré son équilibre ! Bertrand se fait sérieusement bousculer, et n'évite la chute que grâce à ses réflexes de rugbyman.

Un dernier effort à la montée, et par une faille dans les fortifications, nous basculons vers la baie de la Dauphine, un long fjord qu'aucune risée ne trouble. Sitôt le col passé, le vent diminue.

Il est temps de rechercher un terrain pour poser le camp : plat, pas trop loin d'un cours d'eau ni trop humide, avec un sol meuble si possible, et en tout cas protégé des bourrasques par le relief. Mika finit par repérer un endroit convenable, à l'extrémité d'une terrasse donnant sur la baie.

Nous dressons la tente pour la première fois. Nous nous y étions familiarisés en l'installant dans la cale avant du navire, sous les yeux éberlués de l'équipage. Cette première leçon se révèle insuffisante, et nous œuvrons avec maladresse, sans coordination ni jugeote. Il faut toute la patience de Mika pour diriger nos efforts et parvenir, dans un temps bien trop long, à dresser notre abri. Le vent a repris, il s'ingénie à emmêler les haubans et vouloir nous disputer le double toit. Il faut ensuite aller chercher des gros cailloux pour armer les piquets et les jupes de la tente. Mika récuse nos choix, il réclame les blocs les plus lourds, quitte à ce que nous nous mettions à deux pour les transporter. Nos piétinements transforment le sol, apparemment sec, en fondrières, et la boue s'insinue partout.

Afin d'économiser du poids, nous avons opté pour une tente trois places. À quatre, nous y tenons tout juste. Pas question d'avoir des gestes brusques. Nous dînons à l'intérieur, et là encore les réflexes sont loin d'être acquis, je ne retrouve pas les soupes ni le gaz. Ma cuillère se cache, et mon duvet me joue des tours. Je n'attends pas suffisamment pour mon plat lyophilisé, et dois mâchonner des miettes mal réhydratées. Ce premier soir ressemble à un examen de passage.

Nos quatre matelas occupent exactement l'espace au sol. Fred, le plus petit, s'installe dans le sens de la largeur. Ce n'est certes pas en raison de sa taille que je lui ai proposé de participer à l'aventure, mais pour sa connaissance de la haute montagne et de la médecine en milieu isolé. Je le connais moins bien que Bertrand ou Mika. Son humour ravageur, sa franchise absolue, son endurance, l'énergie qu'il dégage et la sûreté de son pas lui ont permis de trouver spontanément sa place dans notre trio devenu quatuor.

Bertrand, Mika et moi nous allongeons tête-bêche. Dans cette disposition millimétrée, mieux vaut s'endormir le premier et, la fatigue aidant, rester aussi immobile qu'un gisant de cathédrale. Si près de mes trois compagnons, si loin de tout le reste...

La solitude, qu'on la recherche ou qu'on la fuie, présente de multiples visages. Ici, nous sommes seuls tous les quatre, d'une solitude choisie, à cent vingt kilomètres de Port-aux-Français, à plus de trois mille de La Réunion, la terre habitée la plus proche. Cet état sécrète une étrange euphorie, où s'équilibrent la prescience des efforts et l'exaltation de l'aventure à venir.

Alors que nous venions de sombrer dans le sommeil, la tempête se lève et fait rage sans discontinuer. Les coups de boutoir font vaciller les arceaux et plier la structure. Ils assènent à travers la toile des gifles à Bertrand, qui se trouve du côté exposé. Les hurlements du vent dans l'obscurité nous empêchent de parler, et nous n'avons qu'une crainte, voir notre abri réduit en charpie s'envoler à la mer, et nous retrouver à la belle étoile exposés à la fureur des éléments. Après chaque assaut, avec la vaillance d'un petit voilier par gros temps, la tente reprend sa forme. Je comprends pourquoi Mika insistait autant pour la ceinturer, la lester, la clouer au sol. Hébétés, nous attendons que cette violence cesse.

Le vent tombe à l'aube, et nous nous endormons enfin.

Mardi 24 novembre – 2ᵉ jour

Au matin, l'air est léger, humide, comme soyeux, le vent et le soleil absents. Un brouillard facétieux et tenace s'insinue partout et dissimule la baie et les montagnes. Nous levons le camp avec la même maladresse et la même lenteur que pour l'installer, et commençons à marcher dans un paysage abstrait, à peu près sans aucune visibilité : des montées, des descentes, des faux plats envahis de ruisselets, des effets romantiques. On ne s'étonnerait pas, dans cette douceur sans consistance, du passage d'un elfe.

Au cours des années 1960, géologues et cartographes ont parcouru l'intérieur de Kerguelen, jusqu'alors pratiquement inconnu. Depuis, des équipes de scientifiques viennent régulièrement inventorier les richesses de tel ou tel secteur. La traversée intégrale de l'île n'a été réalisée qu'une seule fois, en 1999, par Isabelle Autissier et trois compagnons. Elle m'a obligeamment communiqué ses cartes et dans cette étroite péninsule nous marchons sur ses traces. Mais cette formule convenue ne veut rien dire, nous avançons hors de toute information et de tout repère.

Dans cette ouate qui s'épaissit, je suis perdu. Je ne vois pas à dix mètres, aucun son ne me parvient, ni aucune odeur. Mon sens du terrain est trompé, et je ne parviens pas à comprendre ce paysage que j'arpente en quasi-aveugle. Je ne peux me raccrocher à aucune intuition du relief.

La péninsule Loranchet ne ressemble à rien de connu. Point de sommets remarquables qui structurent les paysages et distribuent des vallées. Entre les falaises de la côte ouest et les baies de la côte est, les cartes montrent des courbes de niveau orientées en tous sens. Je devine des barres rocheuses jetées comme au hasard, des gros ruisseaux qui bifurquent, des plaines qui penchent, qui s'enchevêtrent les unes dans les autres et s'effondrent sans raison, des éboulis horizontaux, des lacs aux déversoirs inversés, des plateaux sans orientation définie. L'ouest est âpre, vertical, percuté par toutes les tempêtes ; l'est doux, bosselé, ouvert à tous les vents.

Comment progresser dans cette architecture complexe et désorganisée, dépourvue de traits dominants et constamment traîtresse ? La brume ajoute à la confusion. Mika scrute la carte, le GPS, à nouveau la carte, et me semble-t-il jure tout bas. Où se cache ce foutu lac que nous devrions longer ?

Rien ne signale le franchissement du 49e parallèle sud, sinon désormais un trait idéal que je dessine à la pointe de mon bâton sur le bord d'une mare. Paris est aux portes du 49° nord. Mais le globe n'est pas symétrique. Si la durée des jours est bien celle d'un été, les températures restent plus que fraîches, à peine positives. Nous avançons, j'espère, dans la bonne direction. Et nous butons sur des falaises. Devant nous, un vide à la profondeur inconnue :

cinq mètres, ou cent ? Fred part vers la droite chercher un passage, et revient bredouille. En tendant l'oreille, nous percevons une rumeur... l'écho d'un poulailler... des cris de gorfous macaronis... le ressac... Nous serions donc déjà revenus sur la côte ouest ?

Tout d'un coup, le brouillard se déchire, révélant à nos pieds des à-pics de plus de deux cents mètres, une baie profonde et inaccessible. Nous dominons l'anse des Gabiers, abri illusoire pour tout navire, qui, poussé par les vents, finirait drossé sur les rochers. Des colonies de manchots y trouvent refuge. Les précipices de la côte sud de l'anse apparaissent à leur tour, dans des effets de nuées savamment orchestrés.

Mika prend le temps de faire un point précis, et finit par comprendre que le carroyage de la carte et celui du GPS ont quelque huit cents mètres de décalage. Cette discordance va désormais le contraindre à de savants calculs de précision.

L'itinéraire vers le sud peut maintenant se déterminer à vue. Nous traversons un petit cirque qui descend vers les falaises, remontons sur un plateau, ou plutôt une série de plateaux successifs, parallèles, et séparés par des failles aux pentes raides qu'il faut descendre et remonter, jusqu'au gradin le plus élevé. De là, nous découvrons la baie Clemenceau, en côte est, et redescendons dans sa direction à la recherche du lac du Tigre, qui la prolonge. Alors que la berge opposée reste invisible dans la brume, il prend, malgré une dimension objectivement modeste, un faux air de mer intérieure.

Le déjeuner sur une étroite plage de graviers, à l'abri d'un gros rocher, permet de tenir un conseil de guerre : faut-il passer par la montagne, route la plus directe ? Ou consentir un détour par la mer ? Le brouillard monte et descend, ne semble pas vouloir se dissoudre. L'absence de visibilité nous fait choisir l'option la plus basse. Nous franchissons le déversoir, d'où jaillit une cascade se terminant dans la baie, remontons jusqu'à un très beau lac enchâssé dans des falaises sans coutures, avec une vue sur les îles Nuageuses, et continuons vers la crête, sur un plateau élevé.

Sur le côté du vallon, dans un chaos de blocs, je distingue clairement une fenêtre taillée dans la roche grise, aux angles droits et laissant apparaître un pan de mur en pierre brune, orienté en biais. Un espace intérieur, dont je peine à deviner la taille et la fonction, sépare les deux. Cette structure me paraît trop complexe pour être le fait de la nature, mais qui a bien pu venir creuser ici un ouvrage troglodyte, et pourquoi ? Tombe ? Hypogée ? Monument commémoratif ? Temple ? Je vais voir de plus près, à la recherche d'une inscription. Et il me faut vraiment être à deux pas pour constater que je suis victime d'une illusion d'optique, que le bloc présente une surface unie.

Arrivés au rebord du plateau, nous dominons la baie de Recques. Après celles de l'Oiseau, de la Dauphine et Clemenceau, c'est la quatrième et la plus considérable de la côte ouest de la péninsule Loranchet. Nous n'apercevons ni sa sortie sur la mer libre, ni sa fin dans l'intérieur des terres, où nous serons, si tout va bien, demain. À notre droite, les falaises qui soutiennent le mont de la Selle se révèlent sans failles, et nous nous félicitons de les avoir évitées. Mais sommes-nous mieux lotis pour autant ? De ce belvédère, où est la sortie ? Aucune faiblesse ne se dessine dans la muraille – sauf peut-être dans cette courbure, d'où sort un ruisselet, à la jonction des deux systèmes tabulaires. Alors que la brume menace à nouveau de tout envahir, nous longeons le rebord par un étroit mais efficace chemin de ronde, et nous faufilons dans la pente, par de raides éboulis, jusqu'à une mince plaine littorale, cisaillée de petites rivières et gorgée d'eau en tous points. Au pied de cette forteresse, deux collines, terrils de pierres blanches comme de la craie, géologiquement différentes de tout le reste du paysage.

Nous dévalons le bas de ce piémont jusqu'à l'anse du Charbon, indentation mineure de la baie de Recques. Le plan d'eau, d'un calme parfait, m'évoque incongrûment le lac Léman en hiver. Mais près de Genève, point de sternes subantarctiques qui patrouillent, résolues à défendre hardiment leur nid; point d'éléphants de mer qui barrissent et grognent à notre passage. Ces quelques animaux que nous dérangeons le moins possible sont les premiers que nous côtoyons. Plus surpris qu'effrayés, ils se désintéressent de nous sitôt dépassés. Le sable durci de la plage où ils somnolent se révèle propice à la marche.

Pourquoi, d'ailleurs, cette obstination à consigner un trajet, une pente, la traversée d'une rivière, le passage d'un col? À quoi bon continuer à désigner par leurs noms montagnes, baies, lacs et vals?

Ces montées, ces descentes, ces plaines caillouteuses, forment l'ossature de nos journées. Elles leur donnent rythme, sens, fatigue et accomplissement.

Une montée jusqu'à un col? C'est cent pas, mille pas, répétés dans l'éboulis ou la végétation rase, le corps appuyé sur les bâtons, à la recherche du meilleur appui et du transfert du poids du sac; c'est le regard qui cherche, à gauche et à droite, en haut et en bas, un détail auquel s'accrocher, une distraction à l'effort réitéré; et, le temps de ne pas y penser, un palier intermédiaire est atteint, la pente s'adoucit provisoirement, le paysage s'est ouvert, élargi, une autre montée se profile.

Et si je ne donne pas les noms et les formes des montagnes que nous apercevons, que nous longeons, puis qui passent derrière nous, comment faire partager notre progression, comment donner à voir ces journées apparemment si semblables et en fait si singulières ? Pas d'autres informations que ces noms qui suffisent à constituer un paysage en entier. Baptiser, c'est arracher au néant ; donner à voir à ceux qui sont loin ; féconder l'imaginaire.

Devant nous, le modeste mont Saint-Sylvestre. Nous le prenons en écharpe, et cherchons un terrain pour la nuit. La pluie nous a rattrapés, une bruine digne d'un hiver irlandais et qui se renforce. Inattentif, je m'enfonce dans un sol tourbeux presque jusqu'aux genoux...

Nous avons passé la première barrière montagneuse, le nord de la péninsule Loranchet : un entrelacs de vals orientés dans toutes les directions, sauf la nôtre, qui est vers le sud ; des falaises, des lacs et des fjords pour couper la route ; et ce sentiment d'être une boule de billard, renvoyée par un destin malicieux de la côte est à la côte ouest et réciproquement, sans logique ni raison. L'extrême nord de Kerguelen : un labyrinthe. Nous en sommes sortis sans bien comprendre par où nous sommes passés, et dans ma tête les plateaux se confondent, les brouillards se mêlent, des cris d'animaux retentissent et nous signalent des dangers invisibles, les barres rocheuses se succèdent et se jouent de nous...

Rien n'attestera de notre passage. Faisant mentir Héraclite, les rivières que nous franchissons ne changent pas. Ces décors immuables nous oublient. Leur amnésie tend à l'éternité.

Tels des voleurs ou des espions, nous ne laissons aucune trace, ou si peu : nos effluents ; quelques miettes, échappées à notre avidité, provende d'animalcules invisibles ; ici ou là, des cailloux déplacés et des mousses piétinées. Nous transportons nos déchets. Nous éparpillons au matin les grosses pierres qui lestent les jupes de la tente et dessinent un ovale éphémère. Un emballage caché dans un trou souillerait à jamais un vallon avec la même violence qu'un graffiti sur la cathédrale de Chartres. Nous évitons un tel blasphème.

Cet impératif absolu sourd de tous côtés, de chaque élément du paysage, et de l'unique variété qu'il accepte, celle de la lumière et des nuages. Rien d'intellectuel, rien même sans doute d'humain dans ce diktat. Je le reconnais et m'y soumets.

Nous parcourons une nature inentamée, sans pylônes, sentiers ni clôtures. Nous la restituons telle que nous l'avons très provisoirement reçue, sans rien y ajouter ou en retrancher. L'idée de marquer, de griffer, d'arracher ou d'abattre pour commémorer notre passage nous révulse. Aucun cairn par nous dressé n'est venu bavardement souligner un col ou un gué. Notre honneur est de rester furtifs.

Dans le jargon administratif, notre impact sur l'environnement a été estimé mineur et transitoire. J'avais souri de cette évaluation, pourtant nécessaire aux autorisations requises par notre projet. Je comprends aujourd'hui que c'est nous qui sommes ici mineurs et transitoires. Mineurs, car faibles et inexpérimentés comme des enfants. Kerguelen tolère nos amusements, mais ne s'en laisse pas conter et rappelle volontiers qui est le plus fort. Transitoires, car nous ne faisons que passer, humblement, sans rien déranger. Nomades, et aussi discrets que possible. Après chaque pas, nous espérons avoir disparu.

La carte ce soir nous alerte : nous sommes trop lents. Mika a prévu des bivouacs régulièrement répartis. Ils n'ont de valeur qu'indicative, et nous nous adaptons. Mais quand même. Nous avons pris du retard sur ce programme, et à ce train-là nos vingt-cinq jours ne suffiront pas. Pourtant, je n'ai pas l'impression de lambiner, ni de faire de pauses trop fréquentes ou trop longues. Le terrain est rude, et nous ne ménageons pas nos efforts. Nous convenons de ne pas perdre de temps au lever, et pour le reste je ne vois pas comment accélérer.

Nous visons l'extrême sud de Kerguelen. Cet horizon est si lointain qu'il est abstrait, un peu effrayant. Je préfère découper la difficulté. Mon combat est de sortir de la péninsule Loranchet. La cabane Ring tient lieu d'aubette à la frontière. Je n'ose pas me projeter au-delà.

Progressivement le froid étend son empire. La lumière, au demeurant timide, a décliné. À la journée d'action prolongée par l'installation du bivouac succède un moment vague, où les muscles se détendent, où nous ne savons trop quoi faire ni où nous poser en attendant le dîner. Nous ajoutons des épaisseurs, nos silhouettes se déforment, deviennent ridicules. Rien ne peut nous défendre contre l'ombre qui gagne, le silence qui devient hostile, les montagnes qui s'éteignent les unes après les autres, le ciel outremer qui glisse vers le violet puis le noir, avalant au passage les nuages, et cette humidité qui suinte de partout, du sol où la tente est plantée, et quasiment de l'air même que nous respirons.

Dans notre abri, que le vent secoue mais ne pénètre pas, nous revêtons notre tenue de nuit et roulons en boule nos vêtements humides voire trempés que nous posons sur les chaussures boueuses dans l'abside. La soupe et le plat de résistance nous réconfortent et redonnent courage. Bien vite, nous nous glissons dans les duvets. Une certaine tiédeur nous y attend, qui peu à peu gagne tout le corps – la tête et les pieds en dernier. Nos respirations vont élever de quelques précieux degrés la température, pendant qu'au-dehors le gel menace. Au cœur de cet îlot, recrus de fatigue et le ventre plein, nous sombrons bientôt dans un sommeil de brute. S'il faut se relever au milieu de la nuit pour un besoin naturel, ce sera à toute vitesse, en frissonnant, avant de s'enfouir à nouveau dans sa couche, tel un sanglier dans sa bauge.

Ai-je présumé de mes forces en choisissant d'affronter pareil adversaire? Mais je déraisonne, et cette rhétorique guerrière n'a pas de sens. Si nous arrivons au but, Kerguelen sera-t-elle vaincue? Évidemment non. L'île nous ignore, et n'a que faire de nous. Elle est. Nous passons.

Je ne cherche en rien à triompher d'elle. Je m'éprouve à son rugueux contact, je rends hommage à sa pesante réalité. Dans la froidure et la pluie, à l'intersection des océans les plus rudes de la planète, Kerguelen reste étrangère aux ambitions des hommes, et aux miennes. Sa démesure doit-elle se révéler la mesure de ma volonté? Je me sens devenu son vassal.

Cette traversée : non pas fendre Kerguelen de part en part, comme l'épée d'un chevalier dans le corps pantelant de son ennemi ; mais s'y faufiler, comme une aiguille dans les plis et replis d'un tissu moiré – et si le couturier est habile, rien ne se voit.

Mercredi 25 novembre – 3ᵉ jour

Mika nous a convaincus d'opter désormais pour un réveil plus matinal et un coucher moins tardif, en harmonie avec le soleil.

Après le réconfort du petit déjeuner, il faut résister à l'envie de se réfugier à nouveau dans le duvet : tout plier, enlever le collant et la polaire de nuit, remettre les vêtements de jour qui ont conservé toute l'eau absorbée la veille. Les chaussettes humides et le pantalon trempé installent aussitôt une sensation de froid qu'il faudrait combattre en marchant aussitôt. Mais le démontage de la tente sous la pluie et le chargement des sacs prennent encore une bonne demi-heure.

C'est donc transis que nous descendons le long de la baie de Recques, cap au sud, sur la plage. Sur le sable noir, des algues grises, vertes, brunes aux reflets bleutés, blanchâtres aux inclusions rouge corail composent des tableaux abstraits, provisoires et subtils. La marche me réchauffe peu à peu. Je m'amuse d'un rien, des vagues qui viennent tangenter mes chaussures, de marcher à la limite de l'estran. Il fait plus frais ce matin.

La faune abonde, peu craintive : le skua, ce dindon gris au bec de vautour qui vole avec précision et se nourrit sur les animaux faibles et les cadavres ; la sterne subantarctique, aux élégantes arabesques, dentellière de l'air virevoltant sur la côte à la recherche de nourriture ; le jeune éléphant de mer, surnommé le bonbon – quatre-vingts kilos de graisse –, qui vient se prélasser, seul ou en petits groupes, et qui, stupéfait autant qu'effrayé, ouvre une bouche ornée de deux dents de lait. Il consacre toute son énergie à la mue : le cuir ancien s'est arraché par plaques, laissant voir le cuir neuf, plus fauve, lui donnant l'aspect d'un ours en peluche usé et rapiécé.

Quelques petites rivières nous barrent le chemin, nous réussissons à passer à gué, à condition de bien choisir l'endroit : Mika sait lire l'indice le plus ténu, un friselis sur l'eau, un banc de graviers, une pierre opportunément médiane...

Marcher à Kerguelen, c'est ruser en permanence avec le terrain.

Contrairement à ce que je connais dans les Alpes, ici le sol est souvent trompeur. Les éboulis sont posés sur la tranche, les gravières sur l'eau, les blocs ne demandent qu'à être délogés. Une formation en particulier, localement baptisée la souille, reste la hantise du marcheur. Le pied s'y enfonce au moins jusqu'au sommet de la chaussure, qui s'y trouve collée par une boue gluante, et il faut beaucoup d'énergie pour l'en sortir, en appuyant sur l'autre pied, qui s'ensouille à son tour. On peut s'y enfoncer jusqu'au mollet, jusqu'au genou, voire jusqu'à mi-cuisse.

La souille est parfois visible, parfois dissimulée. La présence de cailloux, même de pierres, ne garantit pas un sol bien drainé, ni l'altitude. Rien de comparable avec la boue si prédictible, si franche des pires chemins en forêt après les grandes pluies d'automne ! La souille peut se trouver en pied de coteau, à son flanc, ou à son sommet, sans logique ni explications. Tout est préférable à la souille, l'éboulis, le lit d'un ruisseau, le tapis de mousses – tout, plutôt que d'affronter la traîtrise de ces marécages, de ces sphaignes.

Spontanément, la chaussure choisit un sol qui semble ferme, décide d'un détour, détermine un cheminement alternatif, zigzague s'il le faut, tire les leçons des mésaventures du marcheur qui précède. Et si aucune alternative à la traversée de la souille n'existe, elle repère un minuscule bombement, des touffes de végétation, des pierres affleurant, des microreliefs indiscernables où elle espère s'enfoncer un peu moins.

Au sortir d'une souille, je me dirige vers un ruisseau pour rincer à l'eau claire la boue qui monte jusqu'à la cheville, avant de m'ensouiller à nouveau.

Cette longue baie, que nous avons atteinte à peu près au milieu de sa rive nord, se termine au loin par le Colosse, montagne massive et ronde au faux air de château Saint-Ange. Au rythme de mes pas, en rive ouest et par notre travers, l'anse du Jardin se referme, l'anse de l'Excursion apparaît et dévoile ses contours. Le fond du plan d'eau, tout en diverticules et fausses pistes, magnifié par une lumière douce sur le camaïeu brun ocre d'une végétation rase, ne bouge pas plus qu'un lac. La pointe du Muséum, avancée sans relief, sépare l'anse de l'Excursion de Port-Perrier, l'ultime extrémité de la baie de Recques, opportunément orientée vers le sud.

Quelque part non loin se dresse la cabane de Port-Perrier – non loin, mais de l'autre côté du bras de mer. Le détour, de trois heures dans chaque sens, la met hors de portée.

Je ne verrai jamais cette cabane, et je rêve au confort, que dis-je, aux délices qu'elle nous aurait apportées : l'abri du vent et de la pluie ; des bat-flanc où dormir ; un espace où se tenir et prendre les repas.

Bertrand donne des signes de fatigue de plus en plus évidents, il ne suit plus. Grand sportif, officier de marine brillant et anticonformiste ayant navigué pendant quatre ans au plus près de Kerguelen, il a toutes les qualités physiques et psychologiques pour cette traversée à laquelle il s'est préparé. Je ne comprends pas sa méforme, dont il souffre visiblement. Son sens de l'humour a disparu. Je le sens malheureux, et ne peux rien faire pour lui. Il refuse qu'on allège sa charge si peu que ce soit, et serre les dents.

La pause déjeuner, avancée pour lui permettre de récupérer, se fait à moitié à l'abri du vent. Celui-ci n'a jamais cessé : de face, de travers, de dos, changeant en permanence de vitesse et de direction, selon les vallées latérales et sa fantaisie, il nous perturbe en permanence. Il faut faire avec, supporter ses coups de boutoir, ruser, tirer des bords avec le sac à dos en guise de grand-voile...

Dans l'après-midi, sous une pluie constante, parfois très forte, voire des averses de grésil, le Colosse se trouve par notre travers, et finalement derrière nous. Il marque la fin de la longue baie de Recques, et après une ultime traversée de rivière nous nous faufilons dans son dos. Nous décidons de camper un peu plus loin, pour que Bertrand se repose, et pour éviter les violentes rafales qui balayent la vallée suivante. La barre de montagne qui la ferme à l'ouest est rayée par plusieurs cascades qui, fouettées par le vent, remontent parallèlement en panache vers le ciel et y disparaissent, sublimées dans l'air humide. Je n'ai vu qu'à Kerguelen ce spectacle, où la force du vent l'emporte sur la gravité, et où le ruisseau qui s'apprête à tomber est saisi dans son élan et renvoyé vers les nuages.

Toute la journée, le martèlement des gouttes de pluie contre le tissu vernissé de ma capuche bourdonne à mes oreilles, comme une légère danse d'abeilles.

Un jeune manchot royal, isolé au milieu d'une plaine de cailloux, immobile, me regarde passer. Que fait-il là, si loin des autres et de la mer libre ? Il a marsouiné dans le golfe de Choiseul, opté pour la baie de Recques qu'il a descendue comme nous jusqu'à Port-Perrier, cet ultime diverticule. Parvenu à son extrémité, une anse sans profondeur de sable noir, il est sorti de l'eau, a marché un moment et s'est arrêté là. Ce juvénile est-il un explorateur téméraire ou un ermite misanthrope ? A-t-il été banni de la société des siens, ou boude-t-il pour quelque motif futile ?

Un terrain un peu abrité contre une colline, en travers de l'axe principal du vent, s'offre à nous. Pendant le montage de la tente, une forte bourrasque à contresens réussit à casser un élément d'arceau. Et nous ne sommes qu'au troisième jour ! Mika puise dans le mince stock de rechange et répare. Il ne faudrait pas que cette avarie se reproduise trop souvent.

Obsédés par le poids, nous avons choisi de ne rien emporter en double. La perte d'une chaussure, ou même d'un lacet, du réchaud, de la trousse de secours, d'une toile de tente serait irrémédiable : aucune boutique, aucun dépôt sur le chemin pour remplacer quoi que ce soit. Après une analyse méticuleuse, nous avons seulement décidé de nous lester d'un second téléphone par satellite, de quelques piquets et arceaux de tente supplémentaires – et d'une journée de vivres en excédent.

Avant le dîner, il paraît nécessaire de faire le point avec Bertrand sur ses difficultés qu'il commente avec lucidité. Quoi qu'il en soit, même l'abandon ne serait possible qu'à partir du neuvième jour, à la cabane de Val Travers. Il le sait aussi bien que nous.

Tous les soirs, par un très bref contact avec Port-aux-Français par téléphone satellite, Mika donne notre position et reçoit une prévision météorologique. Ce soir nous apprenons en outre une très mauvaise nouvelle : le ravitaillement en vivres de la cabane de Mortadelle ou même à défaut de la caverne du Relais, pour les troisième et quatrième semaines, n'a pu se faire, les nuages bas ont empêché la dépose en hélicoptère. Tous nos vivres patiemment répartis entre les différents tronçons ont été déposés indistinctement à Val Travers. Cet état de fait menace notre projet, ou plutôt amène à le reconfigurer. Mais à chaque jour suffit sa peine : d'abord, il nous faut à tout prix sortir de la péninsule Loranchet.

J'écris inconfortablement, couché sur mon duvet, menacé par la crampe. Un carnet noir, rigide, sorti avec précaution du sac étanche qui le protège, recueille mes impressions. Je le remplis au fil des jours, les réflexions s'y accumulent, s'y font écho, s'y contredisent ou s'y répètent. Ce flux qui va toujours vers l'avant ne peut être corrigé, amplifié, détourné, dérivé, déplacé. Le moment n'est pas venu de faire des ratures ou d'avoir des repentirs. Je sais déjà que la simple transcription en l'état de mes notes quotidiennes n'aurait aucun intérêt. Comme si l'intuition première portait toujours un sens plus riche! Comme si la clarté et la brièveté ne résultaient pas d'un long effort!

Mon carnet noir n'est pas une fin en soi. Il va, comme un

brave petit cheval qui galope de relais en relais, sans jamais regarder en arrière, et sans savoir pourquoi. Seul son cavalier apportera au palais les nouvelles des confins.

Dans l'écriture romanesque, les personnages surgissent du néant, à ma guise. Ils me réclament aussitôt un état civil, une apparence, une histoire, une psychologie. Plus ils acquièrent d'épaisseur, plus leur vie se précise et s'enrichit, plus ils résistent à leur seigneur et maître et choisissent eux-mêmes leurs actions et leurs répliques. Je me retrouve conducteur d'un autobus brinquebalant, peuplé de passagers indociles qui se disputent sans cesse mais veulent tous me prendre le volant.

Ici, quatre personnages, moi compris, et quatre seulement s'imposent à moi. La pièce est ainsi distribuée. Aucun acteur supplémentaire ne peut surgir au détour d'un vallon ou descendre d'un hélicoptère.

Jeudi 26 novembre – 4ᵉ jour

Cette traversée intégrale était initialement prévue en novembre et décembre 2014. Mais Mika projetait avec un ami un tour de la calotte glaciaire du Groenland en ski et voiles de traction pour ce printemps-là, cinquante-huit jours où ils ont d'ailleurs établi un record de distance pour un tel raid en autonomie. Parce qu'il ne souhaitait pas effectuer deux expéditions la même année, en sus de ses autres activités, il me demanda de décaler celle-ci d'un an. L'argument me parut recevable.

Du coup, le 26 novembre 2014, au lieu de marcher quelque part à Kerguelen, je rentrai chez moi dans l'après-midi. Mon chien, un jeune berger allemand exubérant, me fit fête avec tant d'ardeur qu'il me renversa et que je me fracturai la cheville droite. Six semaines de plâtre, trois mois de rééducation, reprise de petites randonnées en juillet, des chaussures de montagne en septembre... Malgré toute ma bonne volonté, je n'ai pu me préparer physiquement autant que je l'aurais voulu. Ma cheville tiendra-t-elle ? Je la protège de mon mieux, appuie davantage sur les bâtons, veille à toujours me réceptionner sur le pied gauche... Un an après cette mauvaise chute, je n'ai pour l'instant pas de difficultés spécifiques à signaler à Fred.

Sous l'œil indifférent du manchot royal qui n'a pas bougé depuis hier soir, nous levons le camp dans la pluie et le vent. La neige tombée cette nuit poudre les pentes jusqu'à leur piémont. Les flaques et les bras secondaires du ruisseau sont figés sous une mince couche de glace.

Nous franchissons une bosse minuscule pour entrer dans la vallée suivante, parallèle à celle où nous avons dormi, et qui se jette à la baie du côté est du Colosse. Elle est occupée tout entière par un lac, allongé entre deux murailles sombres. Le passage au bord de l'eau, parfois sur une plage de graviers noirs, le plus souvent sur des éboulis ou des sols spongieux, se révèle praticable et somme toute assez efficace. Pour mesurer ma progression dans cet axe nord-sud qui paraît sans fin, je repère sur la berge opposée deux montagnes successives qui tombent dans le lac, aux profils identiques : je les baptise le Lionceau et le Lion. Quand j'atteins le travers du Lionceau, je découvre tout au fond de la vallée une troisième forme semblable, que je nomme la Lionne. Passé le Lion, un peu en retrait et avant la Lionne, surgit encore un relief taillé de la même manière : ce sera la Panthère, d'où tombe une chute d'eau impressionnante par son débit, et au flanc de laquelle sont accrochés quelques névés.

La pluie ne cesse pas, ni le vent qui nous pousse avec plus d'autorité que de constance. À ma droite, la montagne est parfaitement rectiligne et striée de barres rocheuses horizontales. Avec les trombes d'eau qui se déversent depuis trois jours se sont formées à intervalles réguliers d'éphémères cascades, qui sautent les gradins les uns après les autres. Dans l'air saturé d'embruns comme par tempête en pleine mer, j'en compte à profusion, toutes de même importance et répétant le même dessin, puis renonce à les dénombrer. Les grandes eaux de Versailles ne sont que ruisselets, mesurées au débit de ce qui m'environne. Ce sont les jeux d'eau de la Villa d'Este démultipliés à l'infini, les fantaisies d'un fontainier de génie pour un cardinal romain devenu fou. Hippolyte d'Este avait son allée des cent fontaines ? Qu'il pâlisse, qu'il jalouse cette vallée des dix mille cascades !

Malgré le froid et le déluge que nous subissons, cette remontée est un enchantement, et je la parcours avec une joie sans limite : c'est bien cela que je suis venu chercher, ces excès dans le paysage, ces scènes que bien peu ont vues. Autour de moi tout chante la puissance souveraine de l'eau, le lac, les cascades, les névés suspendus, la pluie, mes vêtements trempés, la brume, tout se mêle, se confond, déborde, dans une fantaisie baroque hallucinée.

À hauteur de la Panthère, alors que j'espère ne voir rien surgir d'autre dans ma ménagerie de la rive droite, je remarque que désormais je longe un flux : ce n'est donc plus le lac, mais bien la rivière qui, aussi généreusement alimentée, occupe presque tout le fond de vallée, sauf quelques bancs de graviers qu'elle a créés et doit contourner.

J'ai laissé à bord du *Marion Dufresne* passeport, téléphone portable, carte de crédit, billets et pièces – même la petite chaîne en or avec une pépite rapportée de Guyane que je porte autour du cou depuis vingt ans. Et ma montre.

Ainsi, j'ai choisi de perdre le temps. Dans ces paysages où ne résonnent les cloches d'aucune église, s'en remettre aux mouvements des astres, aux impératifs de l'estomac, à la dictature de la fatigue. Je me suis progressivement désintoxiqué de l'impérialisme du cadran.

Désormais, seul compte le soleil, pour autant qu'il perce les nuages. Il me donne une information approximative, que je ne suis pas certain de bien interpréter. Les heures à leur guise disparaissent au cours d'une rêverie, ou se dilatent déraisonnablement. Je sens au fil des jours que peu à peu le temps s'efface. Je me déprends de lui. Le présent seul m'importe, un présent étiré, où la fatigue et l'appétit ne s'éloignent jamais complètement, où les cols et les vallées se succèdent ou se répètent. À quoi diable m'aurait servi une montre ?

Se déprendre de la montre, c'est aussi perdre la notion de vitesse. Je ne sais à quelle cadence je marche, et le chiffre au compteur m'indiffère, ou plutôt l'absence de compteur. Nous allons lentement, à raison de la charge sur le dos et de la nécessité d'assurer chaque pas. Parfois, un bord de mer ou de lac, une plaine permettent de dérouler notre effort et nos muscles et sans mot dire nous accélérons, et frisons peut-être les quatre kilomètres-heure. Mais ces sprints ne durent guère, et le plus souvent nous cherchons péniblement notre chemin dans les pentes ou les marécages, malhabiles, incertains. Personne ne nous chronomètre et aucun rendez-vous ne nous attend. Qu'importe la vitesse ? Qu'est-ce au juste qu'un kilomètre, ou une heure ? Ou la division de l'un par l'autre ?

Je n'ai nul besoin d'un tel calcul. Et si tel jour de pluie, de caillasse et de montagne nous n'avons progressé que médiocrement, cette lenteur a-t-elle un sens ? En serons-nous blâmés ? Devons-nous en avoir honte ? Où que notre fantaisie nous entraîne, le soir finit par venir et avec lui le temps du bivouac. Cette vérité de la marche est plus forte que les aiguilles de la montre ou le tracé de la carte.

Ni lièvres ni tortues, nous marchons. Personne ne nous a dépassés, et nous ne rattraperons personne. Aucun manuel ne nous fixe la durée officielle de l'étape du jour. Notre pas est objectif. Il est vrai. Il peut être lourd. Il fluctue. Il est en cohérence avec ce paysage, ce relief, ce climat. Il ne peut être évalué qu'à leur aune.

Tout au bout de la vallée, où la Lionne bute sur une montagne infranchissable et toujours aussi noire, nous tournons à droite et remontons la rivière, qui, d'un coup, après des gorges un peu délicates à passer, devient torrent alpestre : bruyant, effronté, imprévisible, dans un vallon bien marqué. Un peu de soleil sur ce paysage nouveau ? Ce serait trop demander, le vent a tourné avec nous, et la pluie nous suit à la trace.

Ces Préalpes caillouteuses se terminent par un amphithéâtre de montagnes hostiles. Aucun élément ne permet de donner l'échelle de cet imposant demi-cercle parcouru de cascades en tous sens. À son pied, c'est l'image d'un opéra monumental qui s'impose. Nous sommes sur la scène, et voulons en sortir par le poulailler. Un sommet, faiblement marqué et écharpé de brumes, s'appelle pertinemment le mont Chaotique. Une faiblesse dans la ligne de crête se dessine, tout là-haut – une échancrure orientée vers le nord.

Aucune tradition orale ne nous a légué la solution. Par où passer ? À gauche, au centre, à droite ? Jusqu'aux premiers balcons, la montée, longue, semble logique. Mais ensuite ? Nous appuyons sur la droite et progressons prudemment jusqu'à mi-hauteur. Et nous nous retrouvons dans une impasse, entre les falaises et le vide.

Mika et Fred, montagnards aguerris, posent les sacs et partent en reconnaissance. Fred tente une sortie sur un névé un peu trop vertical à mon goût, et au surcroît suspendu au-dessus d'un torrent, parvient à son sommet, s'échappe sur sa droite, et quelques minutes plus tard redescend bredouille, sans avoir trouvé de passage. Pendant ce temps, Mika repère une faiblesse de la muraille, invisible d'où je me tiens. Il s'y engage et disparaît.

Si nous ne trouvons pas de sortie, la seule option est de redescendre la vallée, le lac, longer le Colosse et aller dormir à la cabane de Port-Perrier, soit une journée de perdue et, demain, une tentative par une autre vallée beaucoup plus à l'est. J'attends. Immobile dans la pente, trempé, dans le vent forcissant, je tremble de froid.

Je remarque des points blancs sur les rochers, des lichens téméraires, et je découvre sur un bloc face à moi trois lettres nettement tracées : KOT. Je crois me souvenir qu'en russe cela veut dire chat, et me demande quel marin soviétique est venu ici témoigner de la nostalgie pour son animal de compagnie, laissé à Odessa sans doute, ou à Leningrad. Mais pourquoi graver et peindre « chat », et pas son nom ou son surnom ? Comment dit-on « minou » en russe ? Et n'avait-il donc aucune femme dans sa vie, pour avoir en cet endroit une pensée pour son chat ?

Pendant que ces questions absurdes m'assaillent, un reste de lucidité me fait bien voir que je déraisonne, que seul le hasard et un certain angle me font lire des lettres imaginaires. Oui, je suis ivre de pluie, frigorifié, le cerveau saturé d'oxygène, en apesanteur, hors du sens commun...

Fred a rejoint Mika dans sa cheminée, et poursuit l'exploration un peu plus haut, confirmant la sortie de la voie. À leur retour nous nous faufilons dans la goulotte, les mains agrippées au rocher pour se hisser jusqu'au niveau des troisièmes balcons. La scène en bas paraît bien lointaine et bien sombre, à travers les bourrasques. Il faut monter encore, ne pas tenter de rejoindre le col que nous voyions d'en bas, inaccessible, passer un peu plus haut, et atteindre enfin une terrasse sommitale étonnamment plate, balayée par un vent furieux, et des averses de grésil. Pas question de déjeuner en un endroit pareil, et nous filons bon train.

Cette longue vallée orientée nord-sud, que nous quittons enfin, s'appelle le couloir Mangin, l'un des grands généraux de la Première Guerre mondiale. Que se passait-il il y a un siècle, en novembre 1915 ? La seconde bataille de Champagne. Mon grand-père paternel, que je n'ai pas connu, y a combattu mais n'en a jamais parlé à son fils : je ne saurai jamais ce qu'il a vécu. La seule chose que je sais de lui à cet égard reste une énigme que je ne sais pas décoder : ingénieur des Arts et Métiers, il a servi comme simple soldat.

Rien, dans notre petite aventure, ne peut être comparé aux souffrances des poilus de la Grande Guerre. Il serait indécent, un siècle plus tard, de les évoquer autrement qu'avec respect et pour bien mesurer ce que nous traversons. Il m'est arrivé d'avoir un peu froid, un peu faim, ou un peu peur dans les passages délicats. Bien loin de prétendre me comparer à ces hommes d'une résistance à toute épreuve, je leur dédie ce moment singulier, et dans la montée, leur rends hommage. Nos vêtements techniques résistent mieux aux intempéries que leurs uniformes en grosse laine, nous sommes bien nourris, et surtout personne ne nous tire dessus ni ne nous bombarde, aucun cri d'agonie ne monte d'aucune tranchée, nous ne sommes pas indisposés par l'odeur des cadavres...

Fred, le soir, me fera compliment de ma rusticité dans le mauvais temps, qui l'a étonné. Je n'ai pas osé lui en confier la source, cet aller-retour un siècle plus tôt...

La terrasse sommitale, sur l'autre versant, débouche sur un petit lac rond, entouré d'éboulis inconfortables : comme à dessein, les pierres pointues sont posées sur la tranche, rendant chaque pas hasardeux. Nous titubons comme des ivrognes dans ce piège. Le vent forcit encore, les rafales dépassent cinquante nœuds, il nous bouscule avec violence, nous gifle de neige alors que, crispés sur nos bâtons de marche, nous progressons de plus en plus lentement. Mika prend la bonne décision, changer d'itinéraire, quitter ce plateau au plus vite et se réfugier dans la prochaine vallée. Mais encore faut-il y arriver.

Et d'un coup, je prends vraiment conscience de notre situation. Que le moindre accident survienne, fût-il aussi bénin qu'une entorse, et nous serions tous bloqués dans ce chaos rocheux. Impossible d'y monter la tente, tant en raison du vent que de la nature du sol. Trempés et immobiles dans les bourrasques de neige, nous nous refroidirions tous rapidement. Impossible de transporter le blessé ; et bien sûr, hors de question de l'abandonner à son sort. L'hypothermie nous menacerait tous les quatre, au terme d'une nuit sur le plateau dans la tempête.

Mika a participé à plusieurs expéditions en Arctique, Fred a secouru de nombreuses cordées perdues dans le massif du Mont-Blanc. L'un comme l'autre connaissent et évaluent avec précision les risques auxquels nous sommes désormais confrontés. Leur gravité m'impressionne. La tragédie rôde non loin, et j'ai entr'aperçu son museau.

Je comprends aussi que tous nos préparatifs et nos précautions liés à la sécurité restent théoriques, inapplicables, dans un tel cas. Aucun hélicoptère ne pourrait s'approcher dans la tempête, à supposer que le *Marion Dufresne* ou un navire de la Marine nationale apparaisse par miracle dans la baie de Recques. Une équipe de secours débarquée d'un navire de pêche ou venue à pied de Port-aux-Français, au mieux dans deux ou trois jours, ne pourrait pas faire grand-chose : comment brancarder un blessé, sur ce sol en tessons de bouteille, dans ce froid et ce vent ? Et dans quel état serait-il, après trois jours d'attente ? Nos techniques sont celles d'un trek, mais notre engagement en ce moment est celui d'une expédition.

Jamais, en rêvant à ce projet, je n'avais envisagé qu'il pourrait avoir des conséquences tragiques. Un appel de Mika, que j'ai entendu, le confirme à demi-mot. De nous quatre, l'un pourrait ici... non, je m'interdis de penser une chose pareille. Nous allons nous en sortir. Inutile de construire des scénarios, d'envisager le pire.

Il faut nous échapper, il faut fuir avec calme et prudence ces modestes hauteurs dédiées à la neige et au froid. Je pense à ma cheville droite et la supplie de ne pas me trahir maintenant. Trébuchant à chaque pas, dans les rafales et les hurlements de la tempête, nous arrivons au petit col de la Poterne. La descente dans les blocs, parmi les coups de poing que nous assène le vent, les chaussures en déséquilibre sur des surfaces glissantes, se révèle plus difficile encore que la marche sur le plat. Concentré pour ne pas tomber, j'ai perdu toute notion du temps et ne vois devant moi qu'un dévers hostile où je dois assurer le pas suivant. Mes compagnons doivent être non loin, affrontant la même difficulté, mais à ce stade sauve qui peut. Nous ne pouvons communiquer qu'en hurlant.

Enfin, au-dessous d'un verrou rocheux, les rafales diminuent un peu, et je distingue, dans des grains de neige moins serrés, en contrebas, la vallée du lac Michèle, plate, marécageuse, jaune des mousses qui couvrent ses bords.

Nous suivons le cours d'un torrent, cascadant de terrasse en terrasse parmi les blocs, et cherchons un lieu pour camper. Aucun ne convient, mais il faut bien s'arrêter. Le pied d'une colline fera l'affaire.

Nous montons la tente en bataillant contre les rafales, et après une heure de combat parvenons à notre but. Nous roulons en boule nos vêtements trempés, enfilons tout ce que nous avons de sec. Recrus de fatigue et saoulés de vent, nous sommes affamés, puisque nous n'avons rien mangé depuis le matin. La tempête qui n'a pas abandonné la partie gronde et menace, la tente vibre, plie, se redresse, mettant les haubans et les arceaux à rude épreuve. Lorsqu'un rugissement annonce un assaut d'une intensité encore supérieure, nous lâchons nos gamelles et levons les bras, comme des contreforts, pour soutenir de l'intérieur la structure. Les lourdes pierres qui en renforcent les piquets et les jupes prouvent leur utilité et tiennent bon.

Nous ne parlons pas. Je reste prostré, comme assommé par cette journée.

Tous les récits de marche à Kerguelen que j'ai lus ou entendus abondent en épisodes semblables. Croyais-je, parce que nous avions sagement aligné des points sur la carte, abolir le hasard et la géographie ?

Ce soir, je doute. Pendant les trois années de préparation, je n'ai jamais envisagé l'échec, l'abandon, la déroute, le repli. Je ne suis peut-être pas de taille à affronter la suite. D'autres montagnes, d'autres tempêtes se tiennent devant nous, et pour trois semaines encore. Il n'est écrit nulle part que nous devrions réussir. Et si, vaincus, nous décidions d'arrêter ? Tout laisser tomber, ce projet, ses commanditaires, ses restitutions... Continuer, par petites étapes, jusqu'à la cabane de Val Travers, passer les cols, descendre au fond du golfe du Morbihan... Se faire récupérer, penauds, vaguement honteux, par le chaland, et se réfugier à la base de Port-aux-Français, ses douches chaudes, ses repas chauds, ses lits douillets dans des chambres bien chauffées, sans avoir rien d'autre à faire que d'attendre le bateau du retour...

Le doute ronge mes certitudes et ma volonté. Je garde pour moi cette insidieuse incitation au découragement. Le vent hurle toujours, et murmure à voix basse que tout cela va mal finir, qu'il faut se rendre à la raison, à l'évidence, que nous ne faisons pas le poids, que nous ne faisons pas la loi en ces lieux, qu'il se délecte de notre épuisement, qu'il n'a pas encore montré le dixième de ce dont il est capable...

Vendredi 27 novembre – 5ᵉ jour

Le vent n'a cessé de souffler de toute la nuit, secouant la tente avec rage, ne permettant malgré l'éreintante journée de la veille qu'un sommeil en pointillé. Il a réussi à déplacer la moitié des pierres qui lestent les piquets. Il continue le matin, mais au moins il aura fait fuir la pluie, et provoque quelques déchirures de ciel bleu, quasiment les premières depuis notre départ. Les ruisseaux et les cascades sur les montagnes environnantes sont gelés et brillent. Vu d'en bas, le petit col de la Poterne, débonnaire voire narquois, inviterait presque à une promenade familiale. Nous étalons nos affaires mouillées, les lestons chacune d'un caillou, et pendant le petit déjeuner le miracle opère, elles commencent à sécher. J'adopte aussi une technique bien connue des clochards, consistant à enfiler en alternance un vêtement sec, un vêtement humide, un vêtement sec... Dans ce désordre ancillaire, je reprends peu à peu mes marques.

En quelques jours, le sac à dos s'est laissé apprivoiser. Les hésitations du début ont disparu. Sans qu'il soit besoin de réfléchir, la main cherche et trouve. La cartographie précise du sac acquise une fois pour toutes ne varie jamais.

J'y transporte quelques objets personnels – vêtements, matelas gonflable, duvet; gamelle, gobelet, cuillère, couteau; brosse à dents, dentifrice; sandales, surpantalon – ainsi que ma quote-part de biens collectifs, double-toit, piquets et arceaux, corde, recharges de gaz et vivres.

Lorsque nous sommes installés pour la nuit, il semble impossible que tout ce dont nous avons besoin rentre dans les sacs. Et chaque matin le même tour de prestidigitation se répète et fait disparaître notre campement sur nos épaules.

Au départ, mon sac pesait vingt-cinq kilos. Chaque jour, il diminue d'environ huit cents grammes. À chaque cabane, il remontera à son poids initial, voire le dépassera. Pourtant, très vite, j'en ai perdu la notion. Je le charge sur mon dos sans y penser. Au sentiment de crainte qu'il m'inspirait d'abord a vite succédé celui de gratitude. Il est mon double indispensable, mon assistant, mon fidèle valet – ce qu'est Planchet pour d'Artagnan. Participant muet au voyage, il a droit à tous mes égards et je le revêts chaque matin d'une cape de pluie de peur qu'il ne s'enrhume.

Nous plions le camp dans les bourrasques, et sans regarder en arrière atteignons bientôt les rives calmes du lac Michèle. Le suivre nous conduirait à la mer, mais trop au nord. Nous le quittons en rive droite pour passer un col bien marqué et aisément franchi. Les rayons du soleil révèlent à mes pieds une géode ayant la forme d'une figue mûre coupée en deux, emplie d'une myriade de cristaux légèrement fumés scintillant dans l'air léger. Les joailliers de la place Vendôme n'ont pas dans leurs vitrines pareil trésor. Il me faudrait un piolet pour le dégager de sa gangue de rocher. Je n'y touche pas et savoure pour moi seul ce spectacle.

L'autre côté du col ouvre sur une vallée orientée plein est. Le ciel se dégage peu à peu, dans un vent toujours soutenu. Il révèle à main droite le cirque où il faudrait batailler pour trouver un chemin et remonter à quatre ou cinq cents mètres sur le plateau. Ce relief ressemble bien trop à la sortie du couloir Mangin. L'itinéraire tracé sur la carte et que nous avons délaissé hier y serpente, avant de redescendre sur le val du Retour, de remonter à un col bien défendu avant d'arriver à la cabane Ring. La leçon reçue la veille et la persistance du vent nous dissuadent de tenter l'expérience. Quels trésors, quelles épreuves recèle le tracé initial ? Sont-ils plus remarquables que ceux que nous allons découvrir ? Je ne verrai jamais le haut val du Retour.

La petite rivière, d'abord torrent sautant de vasque en vasque puis indolente dans la plaine littorale, nous conduit jusqu'à la baie du Repos, la bien nommée en ce beau jour. Le ciel bleu m'enchante, le vent est tombé, il fait bon, nous ne sommes plus trempés mais juste heureux de marcher. Bertrand a retrouvé son allant et son sourire. Fred, qui a choisi d'arpenter les premières terrasses, une cinquantaine de mètres au-dessus, ne cesse d'apparaître et de disparaître. Nous déjeunons rapidement et progressons sur la plage : de petits groupes de manchots papous, craintifs, fuyards, dans leur habit solennel noir et blanc ; des sternes, des goélands, des bonbons... Des cormorans, cou et vol tendus, flèches noires huilées, se hâtent vers un rendez-vous lointain.

Les montagnes que nous avons traversées pendant les quatre premiers jours dans la péninsule Loranchet restent dans mes souvenirs comme un désert minéral, nous n'y avons vu aucun animal. Sur la rive calme de cette baie, un armistice inespéré réjouit la faune et les marcheurs.

Face à l'embouchure, l'îlot Jules, et de l'autre côté, la

presqu'île de la Société de Géographie, un fouillis de pics enneigés. Les glaciers mentionnés sur les cartes ont fondu. Vers le sud, l'œil peine à distinguer un passage dans un dédale de baies, d'îles, de vallées, et, tout au fond, j'aperçois pour la première fois une large masse blanc-gris fermant l'horizon : l'extrémité de la calotte Cook, l'immense glacier qui recouvre tout le centre de l'île.

L'ambiance devient estivale. Par une embrasure entre les nuages, un flot de lumière dorée se répand à foison, caresse les moindres reliefs, distille promesses et enchantements, et cesse soudain. Nous avançons sur la plage d'un bon pas. Les animaux n'ont pas peur de l'homme et nous regardent, étonnés. J'admire une méduse échouée, épaisse, de la taille d'un volant de camion, couleur lie-de-vin.

La traversée de la rivière qui sort du val du Retour se fait en sandales, pantalons retroussés aux genoux. Hier sous le déluge, à quelle hauteur d'eau est-elle montée ? Aucune autre difficulté ne se présente, nous contournons par la plage un massif lourd, empâté, plâtré de névés. Selon la carte, le Luberon.

Luberon ? Quel Luberon dois-je voir dans ces couches de basaltes accumulées ? Où sont les vignobles, les chênaies, les villages, les châteaux, les fontaines, les chapelles ? Je ne peux me raccrocher à ce nom, à cette fausseté pour trouver la force d'affronter ce paysage. L'étrangeté de ces toponymes venus de métropole découle de celle de notre présence en ces lieux. Eux aussi, par leur familiarité simulée, en fait, sonnent faux. Ils nous congédient, nous repoussent, nous narguent. Un trop-plein de noms pour un vide d'hommes.

Nous n'atteindrons pas la cabane Ring et son dépôt de vivres ce soir. Peu importe, tant elle est réputée inconfortable.

Le camp est dressé sur la plage, près d'un aimable ruisseau, dans une ambiance bucolique. Les oiseaux curieux viennent nous voir. Pour se faire pardonner la sévère correction de la veille, ou nous féliciter d'en être sortis, le ciel s'est donné un ton de bleu d'une douceur sidérante, comme dans un tableau de Raphaël, ourlé de nuages élevés qui ne semblent pas menaçants. Nous montons la tente dans le calme, non dans la furie. Pas une seule goutte de pluie dans la journée! Après la bataille d'hier, la sérénité de la baie du Repos nous revigore, et nous savourons enfin la joie toute simple d'être là.

Ce soir, je respire à pleins poumons un air sec, froid, sapide, légèrement salé, sans doute l'air le plus pur du monde. En contemplant les montagnes qui progressivement s'éteignent de l'autre côté de la baie, les jeux des bonbons sur la grève, les vols erratiques des sternes, le dos arrondi d'un dauphin fendant le calme de la baie, dans le silence absolu qu'autorise l'absence de vent, je suis profondément en paix avec moi-même.

Samedi 28 novembre – 6ᵉ jour

Nous longeons ce matin le piémont du Luberon. La plage de sable gris est recouverte de coquilles de moules lâchées par les goélands et qui crissent sous les semelles. Juste au-dessus s'étend une pelouse d'acaena. Cette humble plante endémique tient du buisson par son port et ses rameaux ligneux, et de l'herbe par sa couleur et sa capacité à figurer une prairie. En une heure, nous atteignons l'embouchure de la vallée Ring. Cet axe est-ouest, le seul orienté ainsi dans tout le nord de Kerguelen, marque nettement la limite de la péninsule Loranchet. Sur l'autre rive, je repère aisément la cabane Ring, en raison de sa couleur rouge minium.

Le nuancier de Kerguelen est assez pauvre. Les lumières qui peinent à percer l'amoncellement de nuages semblent toujours rasantes, même en pleine journée, et déclinent dès le début d'après-midi. Taches jaune pâle des mousses, vert pâle des coussins d'azorelle, vert plus sombre des étendues d'acaena, taches brunes, grises et noires du sable et des rochers. Toutes ces teintes sont affadies, comme un tissu trop souvent lavé et qui a perdu son éclat. Ce camaïeu terne est relevé par le blanc d'un lichen, le presque rose d'un bloc erratique. Le bleu se réfugie dans la mer ou le ciel, mais la mer reste d'un bleu sombre, menaçant. Seul le ciel octroie parfois des éclats d'un bleu innocent, soutenu, généreux – toujours provisoire et prompt à se voiler. Le rouge n'existe pas – sauf la cabane.

Elle se dresse à cinq cents mètres de nous, mais de l'autre côté de la rivière. Un pont nous aurait bien rendu service, et économisé quelque trois heures de marche. À l'usage, en ce territoire vierge de toute infrastructure, l'absence de routes me semble beaucoup moins gênante que celle de ponts. Que serait la France entière privée de ponts?...

Pour obtenir notre visa de sortie de la péninsule Loranchet, il faut tourner franchement à droite, plein ouest, remonter l'estuaire puis la large rivière, et franchir ses trois bras en sandales, pantalon retroussé. La vallée Ring s'alanguit en pente douce et se perd dans un horizon brumeux, vers l'âpre côte ouest dont elle ne laisse rien deviner. Au-delà du gué, route inverse, plein est, en rive sud de la rivière puis de l'estuaire, pour atteindre la cabane Ring.

J'y avais dormi il y a douze ans. Elle s'est beaucoup dégradée entre-temps : son toit se creuse, l'humidité se niche dans le moindre recoin, la porte ne ferme plus guère. Autrefois refuge apprécié et base de départ pour des inventaires scientifiques, elle n'est plus qu'un abri de fortune, et son enlèvement est programmé.

Les bidons de vivres entreposés pour nous par l'hélicoptère au petit matin du premier jour nous attendent. Pendant que nous faisons l'inventaire, comptons et répartissons, la pluie revient, après une brève journée d'interruption. Nous rechargeons les sacs, qui reprennent tout leur poids initial. Même s'il est un peu tôt et que nous n'avons pas encore faim, nous déjeunons debout, dans la cabane glaciale, et repartons vers le sud.

Après avoir franchi un torrent à gué, au pied d'une belle chute d'eau, nous montons tranquillement sur un plateau, par une gorge où je suis passé douze ans plus tôt. C'était en hiver, les rivières coulaient à peine, la cascade se réduisait à un ruisselet, et il ne faisait guère plus froid qu'aujourd'hui. Je croyais me souvenir de tout et je ne reconnais rien.

Un replat boueux nous permet de reprendre notre souffle et notre direction. Nous le traversons sur son bord et continuons notre ascension, jusqu'à apercevoir le plus petit des trois lacs Louise, homonyme d'un des plus beaux sites des Rocheuses canadiennes. Le lac Louise du parc national de Banff, en Alberta, situé beaucoup plus haut, cerné de sapins de Douglas, sert de décor à un hôtel immense au luxe victorien. Ici, point de concierge en uniforme d'amiral, de voiturier ni de soubrettes, point de boutiques ni de salles de bal ou de bars pittoresques...

Depuis le sommet d'une montagne tabulaire, nous découvrons notre horizon des prochains jours : l'extrémité de la baie du Repos, et dans son axe, des sommets aux formes variées – chapeaux, pointes, pyramides, molaires... – qui se masquent les uns les autres ; un chaos dans un ciel de bruine, la périphérie de la calotte glaciaire Cook.

Redescendre pose un problème, car les barres rocheuses au-dessus desquelles nous évoluons ne présentent aucune discontinuité. Mika part en repérage, et finit par trouver une vire descendante un peu engagée, boueuse et instable, dans laquelle nous nous frayons prudemment un chemin, les mains accrochées à des grattons parfois friables. Et dans ce dévers glaiseux, je me félicite que nous ayons choisi pour cette traversée des chaussures de montagne et non des bottes.

À Kerguelen, tout le monde marche en bottes, en raison de l'omniprésence de l'eau, sous forme de rus, ruisselets, ruisseaux, torrents, rivières, lacs, souilles et autres zones marécageuses. Tant pis si j'ai depuis plusieurs jours les pieds mouillés dans mes chaussures, mon équilibre est à ce prix.

Parvenus dans la plaine littorale, une autre difficulté se présente : le déversoir des lacs Louise. Ce torrent furieux se précipite d'une gorge étroite et verticale fendant le mur de falaises, et s'éparpille en plusieurs bras, au débit généreux augmenté par la pente, avant de se réunifier en un flot infranchissable jusqu'à la mer. Je ne comprends pas comment j'ai pu il y a douze ans non seulement le franchir, mais surtout avoir tout oublié d'un tel obstacle.

Il faut enlever chaussures et pantalon, les accrocher au sac à dos, chausser les sandales. Ce changement de tenue me demande une bonne dizaine de minutes pour muer, et je me refroidis. Mika passe le premier, au plus près de la chute d'eau, en équilibre sur des rochers glissants, avec de l'eau jusqu'à mi-cuisses. Je le suis dès que possible, mieux vaut ne pas trop hésiter ou réfléchir. La température est à peine supportable, mais la force du courant me surprend et m'oblige à batailler. Je me tords les pieds dans des blocs que je ne vois pas, des cailloux heurtent mes orteils, je vais à la vitesse d'une limace, je me crispe sur mes bâtons qui dérapent entre les blocs, je maudis la pluie qui me fouette mais je finis par passer les différents bras et, parvenu de l'autre côté, je remets ma tenue trempée.

Une banquette sans pièges conduit à la plage, qu'il suffit de longer pour atteindre le fond de la baie du Repos : une anse de sable noir sans profondeur, si éloignée de l'océan ouvert qu'aucun animal ne vient s'y prélasser. Bertrand se souvient d'y avoir déposé des commandos de la Marine pour un entraînement. Nous remontons sur un promontoire et plantons la tente, avec moins de maladresse désormais, sur un terrain un peu en pente, à l'abri d'un gros rognon.

Dès que la tente est montée, que les sacs à dos sont entassés dans les absides, je quitte mes vêtements trempés pour une tenue de nuit chaude et sèche, je gonfle mon matelas, je me glisse dans mon duvet, et j'écris jusqu'à la crampe.

Depuis le premier instant, le premier pas à l'extrémité nord de Kerguelen, j'éprouve à chaque seconde un bonheur indicible. La fatigue, le froid, l'humidité, l'inquiétude même n'ont aucune prise sur cette euphorie. Je ne sais pas l'expliquer. Peut-on, a-t-on le droit d'être continûment heureux pendant une semaine et peut-être près d'un mois? Trêve de mauvaise conscience. Il me suffit de me répéter que je traverse Kerguelen pour me confirmer dans cet état qui confine à la transe.

Dans la tente silencieuse, je discerne le grondement continu et sourd de la cascade; les rebonds du torrent; le souffle irrégulier du vent qui fait onduler notre abri; le claquement sec d'un hauban, exerçant sa force de rappel; le murmure métallique de la pluie qui s'est à nouveau installée; parfois un léger grognement venu des tréfonds du sommeil d'un de mes compagnons.

Dimanche 29 novembre – 7ᵉ jour

Toute la nuit un déluge s'est déversé. L'humidité entre dans la tente à travers le tapis de sol et la couverture de survie qui le double. Dans l'abside, une flaque, voire une rigole, s'est formée. Je creuse dans le gravier un canal de dérivation pour la vidanger, j'écope même et je constate que l'eau est aussitôt remplacée par une autre qui sourd du sol et vient, en fait, de sous la tente. Nous avons campé sur une dalle de ruissellement.

Le rognon sur lequel nous nous sommes installés est entouré par deux rivières, et le dos à la mer. Et si nous ne pouvons passer à gué ni d'un côté ni de l'autre ? Nous n'avons plus de vivres que pour trois jours, jusqu'à la cabane de Val Travers. Le *Marion Dufresne* est reparti vers La Réunion et reviendra dans un mois. L'eau abonde, mais avec une seule recharge de gaz les repas froids se profilent. Un rationnement strict serait mis en œuvre, et des journées entières dans le duvet pour s'économiser. Dans le pire des cas, nous ne devrions pas être réduits au cannibalisme. Mes compagnons, à qui je fais part de cette conclusion, la trouvent assez peu à leur goût.

Du coup, je garde pour mon carnet un commentaire d'un goût plus douteux encore. La veille de notre débarquement, nous avons tous signé une centaine d'enveloppes que des philatélistes passionnés, informés je ne sais comment de notre projet, s'étaient adressés à eux-mêmes pour les voir revenir revêtues des rares timbres de Kerguelen. Si on nous retrouve tous morts de faim, la valeur de ces plis deviendra inestimable...

Mika et Fred partent en reconnaissance. Je rêve en regardant la carte. L'étape du jour est centrée sur le mont Pâris, au pied duquel se succèdent les lacs Héra, Athéna et Aphrodite. Le hasard, ce grand malicieux, m'a emmené deux semaines avant le départ assister à une représentation de *La Belle Hélène* à l'opéra de Genève. Je me revois, rasé de près, parfumé, en costume sombre, écharpe blanche, chemise italienne, cravate jaune, chaussures étincelantes, un verre de fendant à la main avec des amis au buffet, pendant l'entracte. Ce matin, je rêvasse, en collant noir et polaire verte, déjà plutôt crasseux, barbu, assis sur mon duvet.

Plutôt que les souvenirs scolaires de l'*Iliade*, c'est sa déclinaison Second Empire qui s'impose, et dans ce paysage barbare les mélodies faussement joyeuses d'Offenbach me reviennent en tête :

> *Holà! hé! le beau jeune homme,*
> *Un instant arrêtez-vous,*
> *Et veuillez donner la pomme*
> *À la plus belle de nous.*

Le rythme de valse va m'aider à marcher toute la journée. Je m'embrouille dans le nom des déesses, Meilhac et

Halévy, les librettistes, me pardonneront. Jamais cet opéra-bouffe n'eut fond de décor aussi grandiose.

Mika a exploré la plaine en contrebas du rognon. La rivière qui y serpentait hier soir s'est gonflée, l'a envahie presque entièrement et coule avec un fort courant. Il réussit à traverser, avec de l'eau au-dessus du nombril, bataille près d'une heure mais doit finalement faire demi-tour, bloqué par le déversoir du lac Héra. Fred, lui, est monté au-dessus de la cascade près de laquelle nous campons, et a débouché sur une plaine en hauteur, où le flux n'a pas de vitesse et se divise en multiples bras peu profonds, sur fond sableux.

Sur son rapport favorable, nous plions le camp et attaquons une bonne grimpée le long de la cascade.

> *Dis-moi Vénus quel plaisir trouves-tu*
> *À faire ainsi cascader cascader ma vertu?*

En effet, au-dessus de la gorge, nous nous retrouvons sur un plateau, passons aisément à gué le torrent et continuons vers le sud. Une plaine caillouteuse s'ouvre, le vent nous pousse dans le dos, aucun obstacle ne nous gêne et nous rattrapons notre retard – mais cette expression toute faite n'a aucun sens ici, nous n'avons ni retard ni avance sur aucun horaire, juste l'impératif d'être en mouvement.

Sur notre droite, entre le mont du Grésil et le mont Pâris, une large vallée désertée par le glacier qui l'occupait conduit le regard, au ras des nuages, jusqu'à la calotte Cook : au sommet de murailles de basalte, un glaçage blanc, épais, frontal, une accumulation au faux air de gâteau de mariage qui écrase tout de son poids et sculpte par ses moraines le paysage. Sur le côté gauche, une langue glaciaire parvient à franchir les falaises et coule immobile, semblant émettre par en dessous une nostalgie de lumière à laquelle on se laisserait prendre.

La pluie n'a pas cessé de la matinée : modérée, forte, en bruine, en crachin, en torrents, à l'horizontale, en tourbillons, en biais, en averses, en giboulées... Les Inuits ont paraît-il quinze mots pour désigner la neige, je n'en ai pas autant pour décrire ce qui nous tombe dessus, dans des modes différents, mais continûment. Nos habits et chaussures sont à nouveau trempés, nous marchons sur l'eau, dans l'eau, sous l'eau...

Les vêtements techniques les plus coûteux, les membranes les plus récentes n'y peuvent mais. Au bout de quelques heures, rien ne peut résister à pareil arrosage, au complot constamment ourdi par la pluie et le vent. Rien ? Je constate pourtant que, du nombril à la gorge et aux épaules, je reste au sec, ainsi que la tête protégée par bonnet et capuche, et le dos abrité par le sac. Ce dernier rempart ne semble pas devoir être emporté. Au fil des jours, il me conserve une précieuse sensation de chaleur. Qu'importe, dès lors, les membres toujours mouillés et refroidis. Il leur appartient de se mouvoir, et d'y puiser leur énergie.

Dans quelques semaines, sur les trottoirs de Paris ou Grenoble, comment pourrais-je ne pas sourire sous la pluie, m'esbaudir de ses rebonds depuis les auvents des boutiques et les parapluies des passants, m'étonner de la voir tremper mon costume, ne pas fuir les flaques dont les voitures m'éclabousseront...

Derrière une vaste moraine frontale, la rivière qui descend du glacier a débordé de son lit, et forme un lac dans un coude. Nous voyons de la végétation ennoyée, et j'en déduis que sur cette première partie la hauteur d'eau doit être raisonnable. Mais pour le lit majeur, qui vient s'appuyer sur une petite colline et semble couler à pleins bords ?

Mika part en premier et trouve un passage. Il faut une nouvelle fois enlever pantalon et chaussures, les accrocher sur le sac à dos, mettre le surpantalon et les sandales, et avancer bravement. L'eau, glaciale, animée d'un mouvement minime, monte un peu plus haut que le mollet, je progresse sans vraies difficultés sur un sol plat. Puis lorsque j'entre dans le flux principal, sa force me coupe la respiration et me pousse vers l'aval. Je m'agrippe aux bâtons de marche, dont j'ai prudemment passé les dragonnes, et qui tiennent sur un fond de graviers. Malgré ce soutien, il me faut arracher chaque pas, avec de l'eau qui monte aux genoux, à mi-cuisses, plus haut encore, donnant une prise de plus en plus forte au courant Il devient impossible de marcher perpendiculairement à lui, il me renverserait. Je dois remonter la rivière pour l'avoir en face et non de travers, ce qui augmente ma résistance, et la longueur de la traversée. Je peux ainsi affronter sa force, jusqu'au dernier mètre où une marche opportunément placée permet d'escalader la berge.

Rhabillés, nous déjeunons rapidement dans une petite grotte humide, à peine à l'abri du vent qui tombe de la calotte glaciaire. Nous retrouvons juste après une plaine de petits galets, propice à une marche rapide pour nous réchauffer. Derrière un ultime ressaut, nous voilà au bord du lac Héra.

> *L'une dit : J'ai ma réserve,*
> *Ma pudeur, ma chasteté.*
> *Donne le prix à Minerve ;*
> *Minerve l'a mérité.*

Le mont Pâris, citadelle encroûtée de névés, nous regarde passer. Je chantonne en moi-même l'air de Pâris au pied du mont Pâris, peut-on rêver moment plus parfait ?

Un regard sur la carte : en fait, nous longeons déjà le deuxième lac, le lac Athéna, nous avons dépassé le lac Héra, caché par un relief.

L'autre dit : J'ai ma naissance,
Mon orgueil et mon pa-on ;
Je dois l'emporter, je pense,
Donne la pomme à Junon.

Ce lac se poursuit par une sorte de lagune, une plaine entièrement recouverte d'une très faible épaisseur d'eau quasi stagnante. Nous ne savons plus si c'est un lac, une rivière, un marais, une inondation, un bassin de rétention, ou quelque autre facétie hydraulique.

Évohé ! que ces déesses
Ont de drôles de façons.

Voici enfin le flux principal, qui alimente le lac Aphrodite. Nous le passons à nouveau en enlevant pantalon et chaussures, avec de l'eau jusqu'à mi-cuisses. Le mont Pâris est maintenant derrière nous, le lac Aphrodite sur notre gauche.

La troisième, ah ! La troisième...
La troisième ne dit rien.
Elle eut le prix tout de même...

Une vaste vallée, bordée par de hautes moraines composées de blocs accumulés, s'enfonce entre deux falaises dont le sommet disparaît dans les nuages. On se croirait chez un carrier, proposant aux entreprises des matériaux de granulométries variées : les plus gros au fond, pour les travaux maritimes et les enrochements, les moyens à notre gauche, pour les travaux routiers, et les plus fins, des galets mêlés de graviers grossiers, pour les finitions, sous nos pieds. Plus besoin de regarder attentivement où marcher, nous accélérons sans nous concerter. Sous un ciel de granit sombre où tout se décline entre le gris clair et le gris foncé, je remarque de temps en temps dans cette pierraille des éclats de couleur, jade, carmin, calcédoine, jaspe, corail, obsidienne, onyx, agate, cristal : des joyaux répandus à foison, la cassette de bijoux d'une princesse en fuite, répandue sur le triste chemin de l'exil...

Un filet d'eau s'y fraye un chemin, bordé de choux. Le chou de Kerguelen n'appartient pas à la même famille que les choux du potager, et n'est que très difficilement comestible. Il ressemble à un chou vert, et produit l'été une longue hampe florale, qui ensuite sèche et traîne au sol. Je le croyais menacé, et n'en avais jamais vu beaucoup. En fait, je constate qu'il abonde partout, pour autant que le lapin, son grand ennemi, n'y ait pas accès : bords de glacier, îlots dans une rivière, éboulis, interstices entre deux rochers, vires d'une falaise. Il prospère, du niveau de la mer jusqu'au dernier étage de végétation. Il peut se laisser ensevelir sous la neige, ou, dans le lit mineur d'un ruisseau, se retrouver englouti pendant une crue. Parfois, comme dans cette plaine, les choux poussent alignés, à intervalles réguliers, tous à la même hauteur, comme en un jardin de curé.

Le Grand Téton, barrière infranchissable dont les étages supérieurs se dissimulent dans les nuages, nous bouche la vue. Le lac de Chamonix reste caché derrière une série de moraines de plus en plus chaotiques que nous n'avons aucune envie d'affronter. Il occupe le site de l'ancien glacier de Chamonix, et la calotte le domine. Dans le mauvais temps persistant, j'admire un effet d'*Alpenglühen* – mot intraduisible, pour dire certains mystérieux effets de lumière dans les hauteurs – au-dessus du lac. La brume de pluie, l'éclairage indirect descendant de la glace suspendue en amont et son reflet dans les eaux dissimulées produisent une lueur blanche, bleue, diffuse, irréelle, semblant sortir de terre et éclairer les nuages par en dessous.

Le paysage, entièrement minéral et d'une extrême dureté, n'incite pas à la gaieté. Son austérité me rappelle une proposition récurrente. Une à deux fois par décennie, un député annonce triomphalement cette idée qu'il croit neuve : créer une prison à Kerguelen, pour résoudre l'encombrement de nos geôles.

Assurément les pierres ne manquent pas, pour élever des murs, des bastions, des douves, des donjons, des échauguettes et des tours de guet. Vu au travers de barreaux, quel panorama plus redoutable que ces falaises sombres, ces rivières indomptées, ces plaines de cailloux que la neige parfois vient égayer, ces lacs rectilignes aux eaux noires... Et pour seul accompagnement, le hululement constant des vents, ou la plainte déchirante de l'albatros fuligineux résonnant dans les éboulis...

Je n'aurais pas aimé marcher sous les fenêtres de cellules, ou croiser des criminels enchaînés cassant des cailloux. L'humanité, ou la civilisation, comme on voudra, a échoué à s'implanter ici. La prison, qui est l'image inversée de l'une et de l'autre, ne le peut davantage. Jamais Kerguelen ne sera un goulag.

Pendant que je lui récuse ce destin, nous avons tourné dans les gravières, sous la moraine terminale qui clôt le lac de Chamonix, et commencé à descendre la vallée de l'Arve, plein est. Dès que nous repérons un vallon latéral qui devrait nous protéger du vent descendant des glaciers, nous y montons la tente. La fatigue se fait sentir. L'étape, mesurée à plus de quinze kilomètres, marque un record. Le baromètre baisse, et la température.

Dans notre abri, nous retrouvons un peu de chaleur, pour un dîner dont malgré la monotonie j'apprécie chaque bouchée – fruits secs, soupe, goulasch reconstitué, gâteau. Une semaine déjà que je marche, une sorte de routine s'est installée, et si mes muscles protestent ce soir, je devine qu'après une bonne nuit dans le duvet et sur le matelas gonflable, ils obéiront demain avec bonheur.

La péninsule Loranchet est définitivement derrière nous. Dans notre parcours initiatique, nous avons le sentiment d'avoir réussi la première épreuve. J'ai moins peur d'échouer.

Lundi 30 novembre-8ᵉ jour

En milieu de nuit, le vent a forci et tourné, attaquant la tente par le travers. Du coup, Mika, allongé du côté désormais assailli, s'est lassé d'être réveillé par les coups de boutoir et les claques du double-toit. Il a changé de position et dort comme il peut, en chien de fusil à nos pieds. Les rafales cessent peu avant l'aube, et nous nous endormons tous profondément, dans le calme et le silence.

Au réveil, les rochers, la moindre pierre, les jupes de la tente sont couverts de neige, et quelques flocons dansent dans l'air léger. Les bords du ruisseau sont gelés. Quelqu'un parle de grésil, et j'entends Brésil, des images tropicales de plage et de cocotiers m'assaillent, l'irrésistible samba qui porte ce titre résonne à mes oreilles et m'accompagne toute la matinée. Le vent, bien sûr, a repris.

Nous descendons la vallée de l'Arve d'un bon pas. Le sol de galets autorise une pointe de vitesse. Peu avant le confluent se cache une grotte, paraît-il habitable. Une marque orange sur un rocher signale un abri sous roche, sec, pentu, où l'on peut tenir assis à trois. Un message daté de 1983, encore lisible dans un bidon, donne quelques indications sur la vraie caverne un peu plus loin. Il est signé d'un Jean-Pierre et d'un Philippe. Je salue mes devanciers avec respect.

Un peu plus bas en effet, en pied de falaise, jouxtant la plaine de fins graviers où la rivière paresseuse se déploie en de nombreux bras, évidente à trouver derrière un muret en pierres sèches, la caverne de l'Arve. Basse, encombrée de caisses et de sacs que nul n'a ouverts depuis des années, en pente, un peu humide et mal protégée du vent, elle n'est guère attirante. Alentour, des bouteilles brisées et des boîtes de conserve coincées sous les rochers témoignent d'un autre rapport à la nature, celui de nos anciens. Je m'abstiens de porter un jugement rétroactif.

Après avoir franchi un petit bombement, nous entrons dans le val des Entrelacs, dont la vallée de l'Arve est un affluent. Un choix d'itinéraire se pose : remonter ce val et passer comme prévu par le mont des Grâces pour arriver à notre but, le val Danièle, par le haut ? Ou prendre plus au sud-est, sur un plateau occupé par le lac Aglaé, à laisser à main droite, avant de retomber dans le val Danièle en son milieu ? Le mont des Grâces, bien moins avenant que son nom, se présente selon un aspect désormais bien connu, celui d'une muraille basaltique sans failles. Mika y trouverait peut-être un passage, mais le plafond est bas, menaçant, et la route semble encore longue. Il est plus sage de contourner la difficulté par le sud-est.

Le péage de la rivière des Entrelacs est au tarif habituel, celui d'une traversée en sandales, pantalon retroussé, sur la dizaine de bras qui la composent, séparés par des étendues de graviers. Nous déjeunons rapidement dans une gorge ventée. La pluie qui a succédé à la neige s'arrête enfin. La remontée de cette gorge conduit à une longue terrasse inclinée, du sommet duquel nous découvrons le lac Victoria, et son bassin supérieur. Nous le contournons de loin par l'ouest, côté montagne, en suivant sur trois côtés à mi-hauteur un amphithéâtre verdoyant et point trop raide. Nous en sortons sur un plateau intermédiaire puis supérieur.

Je bois à un ruisseau : roches rougeâtres, algues et mousses rouges, l'eau a un goût prononcé de fer, âpre, pas très agréable. Je n'insiste pas et me rattrape au torrent suivant. L'un des plaisirs de la marche en cette île est l'abondance d'une eau pure et sapide, que rien ne vient troubler. Inutile d'en transporter des litres. Le risque de la présence en amont d'un cadavre d'animal est infime, eu égard aux débits, et hormis ce breuvage médiocre, j'ai toujours bu avec plaisir dans mes mains réunies en coupe. Un geste d'orant.

Continuant à monter en biais, nous arrivons enfin au-dessus du lac Aglaé, clos d'une ceinture de falaises peu élevées, mais continues. Il faut donc passer au-dessus d'elles, en admirant du côté opposé tout un mur de hautes montagnes enneigées, contreforts indistincts de la calotte glaciaire.

Comment franchir le déversoir, qui fend comme un rasoir ce système de fortifications ? J'espère ne pas avoir à faire le tour du lac sur ses trois autres côtés, supplément que j'évalue à au moins trois heures de marche. En arrivant au-dessus du canyon où coule la rivière, une centaine de mètres plus bas, Mika constate que la descente ne présente pas trop de difficultés. Des pierres heureusement disposées forment un gué. Il suffit ensuite de remonter, et de s'échapper en appuyant au sud, par une série de banquettes. Nous tournons autour d'une épaule, où vient mourir le lac Thalie, alimenté par le précédent, et à nouveau découvrons de hauts sommets enneigés vers le sud.

À cette extrémité du lac se niche un petit vallon montagnard, aux allures d'alpage en septembre... mais ce sont des mousses et des souilles et non de l'herbe qui charment mes yeux. Nous remarquons des empreintes de sabots de rennes. À la caverne de l'Arve, nous avions trouvé des poils de chat, et dans le haut val des Entrelacs, les premiers pissenlits. Nous passons aujourd'hui une limite écologique, celle où les espèces introduites ou invasives sont omniprésentes. Le Loranchet et les environs du mont Pâris en sont exempts.

Kerguelen n'hébergeait aucun mammifère terrestre avant l'arrivée de l'homme. Ses commensaux, le rat et la souris, se sont introduits à sa suite. D'autres l'ont été à dessein : le lapin, par les Anglais au XIXe siècle, pour nourrir d'éventuels naufragés ; le mouton, le mouflon et le renne, par l'administration dans les années 1950, lorsque planait encore le rêve d'une colonisation agricole. À la différence des deux autres ongulés, le renne nage ; il a rapidement quitté l'île où il était confiné pour chercher de la nourriture sur la Grande Terre et y prospérer. Le chat, lui, a choisi de fuir le confort de Port-aux-Français pour devenir haret.

Transportés involontairement sous forme d'œufs ou de larves, divers animalcules, mouches, et autres insectes se sont également acclimatés, mais leur taille les rend discrets et leur interaction avec l'environnement plus difficile à comprendre. Il en va de même pour les plantes exogènes, dont le pissenlit qui marque son emprise par ses fleurs jaunes. Innocentes dans nos prairies, elles choquent ici comme les oriflammes d'une armée d'occupation.

Ces espèces introduites provoquent de graves dommages aux écosystèmes : le lapin s'en est pris au chou de Kerguelen. Le renne, par son poids et son appétit, déstructure les sols et le maigre couvert végétal. Le chat et le rat traquent les œufs et les poussins des pétrels qui, en l'absence de prédateurs, nichent dans des terriers.

Pendant mon mandat, j'ai engagé la restauration écologique de l'île Australia, l'une des plus grandes de l'archipel, plus de mille hectares. Il y a fallu en 2003 l'emploi d'un hélicoptère durant un mois, une équipe dédiée, et des quantités de poison à faire rougir une armée de conspirateurs florentins. L'année suivante, les pétrels commençaient timidement à y revenir. Australia a été la plus grande île libérée des rongeurs dans le monde, et elle détient toujours ce record pour la France.

J'ai, dans cette politique volontariste, dépensé pas mal d'argent public, voire pris le risque d'encourir les foudres de la Cour des comptes. Le résultat n'est pas discutable. Mais quel était l'objectif ? Restaurer les populations d'oiseaux ? Non. Leurs effectifs sont déterminés par bien d'autres facteurs que les espaces libres pour nidifier, et notamment la quantité de nourriture disponible en mer. Tuer des rats, des lapins, des souris ? Non, je n'ai rien contre ces petites bêtes, qui eurent la malchance de se trouver au mauvais endroit au mauvais moment. Restaurer les paysages d'avant la découverte ? Il y faudra des années, voire des décennies, et le réchauffement climatique, qui s'accompagne ici d'une diminution des précipitations, rend illusoire tout retour en arrière. Se donner bonne conscience ? Si peu de Français s'intéressent à ces questions... Rembourser une dette ? La nature n'est pas une banque de dépôt.

Au fond, je n'ai pas d'explication rationnelle pour un

haut fait dont je reste fier douze ans plus tard. Le temps me manquera pour retourner sur Australia, y passer quelques nuits en cabane, voir de jeunes choux tenter leur chance, admirer au crépuscule un envol erratique de plumes dans toutes les directions... Je ne demande même pas que ceux qui les contemplent pensent à moi. Cette réalité existe, je le sais et cela me suffit.

De ce vallon alpestre, nous remontons un ultime petit col avant le val Danièle. La fatigue se fait sentir, impérieuse, au terme de cette deuxième très longue journée. Avec une méthode cartésienne, je considère le trajet et découpe la difficulté en segments de taille moindre : l'entrée de la gorge ; la sortie de la gorge ; l'entrée de l'éboulis ; le milieu de l'éboulis ; la fin de l'éboulis ; la zone du col. Pour chacun d'eux, je pronostique le nombre de pas, je les compte en descendant jusqu'à zéro, puis en remontant si besoin. On s'amuse comme on peut.

Enfin le col lui-même, une selle souilleuse entre deux bosses allongées. De là nous découvrons le val Danièle, et surtout le gigantesque glacier Vallot qui le domine et l'alimente. Il vêle de gros glaçons dans un lac couleur café au lait, et occupe toute la vallée par laquelle nous aurions dû sortir si nous avions choisi l'option plus à l'ouest. Au-dessus du glacier, la calotte reste largement cachée par les nuages.

Le fond du val Danièle est vite atteint, et nous déroulons le pas dans cette plaine de galets. Nous recherchons une marque de peinture orange, qui indique la caverne. Lors de mon unique venue en ces lieux, arrivant par le sud nous avions bien vu le signal, mais nous n'avions pas pu tra- verser la rivière grossie par les pluies de la veille. Notre ingénuité avait été sanctionnée par un bivouac à la belle étoile, dans l'haleine du glacier.

Loin devant moi j'aperçois un objet que d'abord je n'identifie pas, un O posé verticalement en travers de notre marche, un O blanc, festonné. Ce sont des bois de renne, blancs et blanchis par le soleil et la pluie. Mais pourquoi ne gisent-ils pas à terre, après être tombés à l'automne de la tête d'un mâle ?

Il faut arriver à leur niveau pour comprendre : deux carcasses de rennes se font face, et se tiennent par les bois. Ne subsistent que les poils, la peau, les os, tout le reste a été nettoyé par les skuas. Et les bois, indissolublement liés. En regardant mieux, nous constatons que dans leur rivalité au moment du rut, le plus fort a percé la boîte crânienne de son rival, le tuant sans doute sur le coup dans la violence du choc. Sa victime est tombée à terre, toujours liée par les bois à son assassin, lequel, ne pouvant ni se dégager ni manger, est mort de faim.

Cette image puissante devrait m'amener à des méditations sur l'inutilité des conflits, sur la coopération et la fraternité. Je revois assez nettement un tableau, de Goya me semble-t-il, *Combat des aveugles dans la boue*, deux fous qui luttent et ne voient pas qu'ils s'enlisent, deux corps noués dans l'étreinte hostile, ensevelis déjà jusqu'aux cuisses.

Étonnamment, ces deux squelettes m'évoquent plutôt la puissance du cycle de la vie, dont la mort n'est qu'une composante, obligée certes, mais pas toujours la plus intéressante. Et comme en écho à cette réflexion, un troupeau d'au moins soixante-dix rennes s'enfuit à notre approche.

Bertrand repère la marque attendue, et nous montons à la caverne de val Danièle, plutôt un vaste abri sous roche qu'une vraie caverne. On peut y tenir debout, au moins sur la première moitié, plancher et plafond se rejoignant assez vite au fond. L'extrémité ouest se prolonge par un goulet, séparé du val par un mur de pierres sèches bien ajusté, et, après un premier niveau qui tient lieu de vestibule, elle offre la place pour deux matelas. Ce sera la suite présidentielle, pour Bertrand et moi, pendant que Mika et Fred optent pour la pièce principale, en balcon sur le val. La caverne est parfaitement sèche. Un élégant rideau de cascatelles coule au-dehors. Nous nettoyons de notre mieux le sol des crottes de souris, étalons les couvertures de survie, déplions matelas et duvets. Ensuite, j'écris.

Étrange idée tout de même qu'un livre tout entier consacré à la marche. Il repose sur une illusion, voire un mensonge. Qui peut croire que chaque ligne a été écrite pendant l'effort, dans la spontanéité du mouvement et le vagabondage de l'esprit ? À l'évidence, si j'écris pendant que je marche, je tombe. De même qu'un livre traitant de l'amour n'est pas écrit au fond d'un lit, dans la tiédeur des corps enchevêtrés, de même celui-ci n'a pas été rédigé au fil des pas.

Rien ne serait plus hypocrite que de laisser croire à la chronique d'un exploit. L'effort que nous affrontons – vingt-cinq jours de marche avec vingt-cinq kilos sur le dos – n'eût pas impressionné les grognards de la Grande Armée. Il ne surprend que notre paresse contemporaine, où ascenseurs, escaliers mécaniques, voitures, trains et métros nous reposent en permanence.

Ici, ces paysages sans variété, sans habitants, sans mémoire, ne se prêtent pas aux habituelles scènes de genre : le thé sous la yourte, le mariage dans la tribu, la fête religieuse dans le campement, la transhumance du bétail... Pourtant, au-delà des océans, il me fallait ces plateaux, ces vallées, ces péninsules, ces cartes approximatives, ces contraintes logistiques. En choisissant Kerguelen, je dis quelque chose de moi. Mais quoi ? Je ne suis pas le mieux placé pour l'élucider.

Une crampe me gagne. Dans notre abri sous roche, nous ne craignons plus les coups de vent ni la pluie. Mais Dieu qu'il fait froid là-dedans ! La température reste celle d'une nuit en plein air. Il faut dormir avec toutes les épaisseurs possibles, gants et bonnet compris, dans le duvet rendu hermétique. À ces conditions, et la fatigue aidant, le sommeil m'emporte aussitôt.

Mardi 1er décembre-9e jour

Quoique glaciale, la nuit fut reposante après le gros effort de la veille. Et pour la première fois depuis le départ, je retrouve une sensation d'un confort délicieux : mettre un pantalon sec. Quant aux chaussures mouillées, j'ai décidé depuis le premier jour de ne plus y faire attention.

Nous déjeunons sans traîner dans les courants d'air de la caverne, et n'avons pas de tente à plier. Pour me réchauffer, je pars devant, descends dans la plaine et en commence la traversée. Douze ans plus tôt, nous étions arrivés par un col faiblement marqué sur la croupe allongée qui ferme le val Danièle au sud, et il me semble logique de reprendre le même chemin vers la cabane de Val Travers. Je me souviens notamment d'avoir vu, d'une montagne voisine, le val Danièle entièrement inondé, transformé en lac par deux jours de pluies abondantes, et le lendemain à nouveau exondé.

Au bout d'une dizaine de minutes, au milieu du val, je me retourne et distingue deux silhouettes au pied de la grotte, une encore à l'intérieur. Mes compagnons prennent leur temps ce matin. Un invisible fil élastique me relie à eux trois, et j'éprouve sa force de rappel. J'aurais pu continuer encore, bien sûr, augmenter la distance, mais je n'en ai pas envie, ni peut-être la force. Ces quelques centaines de mètres me relient au groupe, et à travers eux à l'humanité tout entière. Aller plus loin – alors que le ciel est dégagé, le vent faible, que je viens de terminer mon roboratif petit déjeuner de muesli et de thé bouillants – m'effraie. Ces pas supplémentaires, excessifs, me feraient basculer dans une proscription dont je discerne les périls.

Alors je m'arrête. Je m'appuie sur mes bâtons et je guette leur mise en route, j'attends qu'ils se dirigent vers moi et diminuent cet écart. Ma vigilance est récompensée, puisqu'ils partent non dans ma direction, mais le long des falaises et descendent le val au lieu de le traverser. Je pivote d'un quart de tour et repars dans l'axe du val, visant un point de rendez-vous un peu plus bas.

Le troupeau de rennes, qui paissait tranquillement, est mis en alerte et bientôt en fuite par notre mouvement. Ils hésitent, prennent le galop, et passent entre nous, dans une cavalcade poussiéreuse digne d'un western.

La rivière du val Danièle se laisse traverser sans trop de difficultés, avec de l'eau à mi-cuisses. Nous remontons une épaule un peu raide, dominant le fond sablonneux et plat de la baie Irlandaise, subdivision du golfe des Baleiniers. Pour la première fois, j'aperçois l'est de Kerguelen, par cette profonde échancrure. Le nord est bien terminé, et nous avons atteint sinon un centre, du moins un point d'équilibre et de moindre extrémité.

Du flanc sud de cet escarpement, la redescente sur la vallée des Merveilles se fait aisément.

Le bas de cette vallée est lui aussi occupé par une plaine de graviers et une rivière en zigzag, plus modeste, plus divisée, plus sinueuse que la précédente. Elle nous ralentit à peine et nous continuons jusqu'à un premier rognon rocheux. La rivière des Merveilles s'en précipite avec furie, deux chutes d'eau impressionnantes, se faisant face dans un étroit goulet, en un vacarme hors de proportion avec le débit. Dans la roche sombre veinée de rose, la force du courant a créé des marmites, des cuvettes qui se réactivent à chaque crue. Nous montons jusqu'au bassin supérieur, une trentaine de mètres plus haut, alimenté par un canal rectiligne entre deux murets parallèles, comme on en voit dans les parcs d'attractions pour conduire les barques des clients. En amont, un second ressaut, encore plus étroit, nous propose des pierres placées comme à dessein pour le franchir en quelques sauts – mais des pierres glissantes, aiguës, sans possibilité de se rattraper. Prudents, nous dédaignons l'invite ou le piège, et traversons plus haut encore, en sandales, une petite plaine supérieure où la rivière murmure et badine.

Une gorge protégée du vent nous accueille pour le déjeuner, sur une vire au sommet d'une pente couverte d'acaena, comme une pelouse, et protégée par un sursaut rocheux. Le dernier pain frais sort du fond de mon sac. Un ruisseau glouglote en contrebas. Le soleil enfin sorti nous réchauffe, nous lézardons, nous nous offrons même le luxe inouï, insensé, de faire chauffer de l'eau pour un café. La conversation ralentit puis s'éteint. L'idée même d'une petite sieste m'a peut-être brièvement effleuré. Nos muscles et nos cerveaux se détendent, et une sensation de bonheur infini m'envahit.

Mais enfin, on ne va pas coucher là. Nous remontons sur un plateau caillouteux et attaquons la montée au col de la Soufflerie. En cette belle journée, il veut mériter son nom, et le vent nous pousse dans le dos avec énergie, faisant même s'envoler mon bonnet que je rattrape dans l'éboulis.

Hormis un passage un peu exposé sous un raidillon pour contourner un fortin volcanique, l'ascension dans cette pierraille sous un soleil désormais généreux ne présente pas de difficultés, sauf une soif croissante que rien ne permet d'étancher.

Avant le col, dans un vallon supérieur brille le lac Josette. Ma mère portait ce prénom désuet, et j'avais pensé à elle ici, douze ans plus tôt. J'y repense aujourd'hui, alors qu'elle nous a quittés en 2010. Et tout en continuant la montée au-dessus du lac Josette, une question inattendue, brutale, hors sujet me trouble : suis-je, ai-je été un bon fils ? Il y a, dans la vibration de doute que provoque cette question, une angoisse à laquelle je ne sais pas répondre et qui me poursuit jusqu'au col.

La descente dans un vallon bien dessiné conduit à une zone plate, caillouteuse et humide à la fois, de confluences et de carrefours. En face de nous se dresse le mont de la Tourmente. Faut-il le contourner par le sud, le val des Moustaches où je suis passé déjà, ou par le nord ? Nous optons pour le nord, qui nous semble plus direct, et remontons un peu vers l'épaule de la Tourmente.

De là, un paysage exceptionnel s'ouvre, des monts enneigés à perte de vue. L'œil s'y perd, rebondit d'un sommet l'autre sur la moitié de l'horizon, avec une profondeur de champ impossible à décrire.

Au centre, le Grand Téton, avec son mamelon sommital, massive barre constituée d'empilements de couches de basalte ; à gauche, le mont Carroz, qui pointe fièrement son étrave plein ouest ; au fond, la calotte glaciaire, qui descend en pente douce vers le nord, derrière le Grand Téton, et que percent deux nunataks, ces îlots rocheux dans un glacier ;

puis d'autres montagnes encore, couvertes de neige ; le mont Pâris, reconnaissable à sa silhouette de forteresse ; et très loin au nord, les sommets élevés de la presqu'île de la Société de Géographie.

Ce panorama somptueux, mis en valeur par un ciel partiellement nuageux et des trouées de lumière, emplit l'horizon. Les photographes désespèrent, n'arrivant pas à le faire entrer dans leurs boîtiers. La littérature pourra-t-elle relever le défi et en traduire la grandeur et la rudesse ?

Seule la musique, sans doute, procure des sensations d'une intensité comparable. Me reviennent en mémoire des derniers mouvements de symphonies romantiques, sans ironie française, ni introspection germanique, ni charme slave. Juste du son. Les effectifs des pupitres triplés ou quadruplés, un crescendo qui prend aux tripes dès le début, un déferlement de basses et de percussions, un thème obsédant qui tourne en boucle et monte vers une résolution qui ne vient jamais ; une avalanche, un cataclysme, une éruption, une explosion de fureur et d'énergie. Les musiciens transpirent à suivre le rythme de cette course effrénée. Dans le public les messieurs tressaillent, les bonnes sœurs font des signes de croix, les sourds entendent, les demoiselles s'évanouissent, les officiers sont prêts à déclarer la guerre, les dames cherchent à délacer leur corset, les pompiers s'inquiètent. La musique continue de grandir et d'envahir tout l'espace, repoussant toutes limites explorées. Et lorsque au-delà du maximum supportable il ne peut plus y avoir d'autre issue qu'un grandiose accord final, qui libérera tout le monde, alors, alors seulement entrent les grandes orgues, un second orchestre à elles seules, qui s'oppose et joue avec le premier, quelque chose comme la voix de Dieu qui répond aux prières des hommes.

L'entrée triomphale des orgues ici, c'est le soleil qui perce, le vent qui chasse les nuages, la calotte glaciaire qui apparaît dans toute sa largeur, les névés qui brillent sur tous les sommets, et là-bas tout au nord, encore une chaîne de montagnes transverses qui se découvre et accroît la dimension et la profondeur du spectacle. Nous restons un long moment immobiles, muets, assommés de tant de beauté et d'un tel spectacle pour nous seuls, sur l'épaule de la Tourmente.

Nous en repartons silencieux et entamons la redescente vers Val Travers.

Du côté est du mont de la Tourmente, le paysage n'est pas moins étonnant. Tout le lacis du golfe des Baleiniers – îles, presqu'îles, baies, anses, isthmes, îlots, péninsules, lacs – se déploie en une carte géante. Le ciel absolument sans nuages colore l'océan d'un bleu dur et la terre d'un marron sans nuances, comme pour renforcer les contrastes. Bertrand retrouve les mouillages qu'il a pratiqués, des souvenirs de manœuvres ou d'aiguades. Nous identifions et nommons les principaux points. Dans le lointain, les montagnes de la péninsule Courbet, dominant Port-aux-Français. Une vue d'hélicoptère n'aurait pas fait mieux. D'une autre façon, l'immensité de Kerguelen et la complexité de son architecture s'offrent à nous, piétons opiniâtres.

Toutes ces étendues ne servent à rien, elles s'étalent à l'infini, orgueilleusement sans valeur.

Au cours de mon mandat, j'avais imaginé d'offrir à la vente des parcelles de terrain aux quatre coins de l'île, mais dans les ministères on poussa les hauts cris devant pareille incongruité. L'imagination n'est pas la denrée la plus fréquente ni la mieux cotée dans l'administration. Par la pusillanimité de quelques fonctionnaires grisâtres incapables de la situer sur une carte, Kerguelen, tel un châtelain qui ne peut réparer ses toitures mais ne veut se défaire d'une de ses métairies, reste inaliénable et pauvre.

Dans la descente finale vers la cabane de Val Travers, alors que nous tâtonnons un peu avant de trouver un passage parmi les falaises, Mika distingue, sous un rebord rocheux, à deux mètres de la petite cheminée qui nous conduit dans la plaine, un albatros fuligineux à dos clair sur son nid.

Cet oiseau de la taille d'une oie porte un adjectif rare, qui signifie de la couleur de la suie. Mais je ne vois dans ce gris sombre d'une douceur inentamée le souvenir d'aucune combustion. Au-dessus de l'œil une élégante virgule blanche souligne son regard inexpressif. Une espèce voisine a le dos sombre, lui le dos argenté. Son bec imposant lui permet de se nourrir en haute mer, aux confins de l'Antarctique, et il ne revient à terre que pour nicher. Il couve et ne s'enfuira pas, il se laissera tuer sur place s'il le faut.

Nous ne le dérangeons pas davantage. En contrebas se déploie le lac Bontemps, vaste étendue d'eau à la forme de haricot, séparée de la baie Irlandaise par une petite chute d'eau. Je me souviens d'avoir longé sa rive sud et buté sur une falaise non mentionnée sur la carte. Il avait fallu revenir sur nos pas, contourner par le haut, traverser un maelstrom volcanique de bouches à feu égueulées, de sables rouge brique et noirs, de blocs calcinés, de roches recuites et luisantes.

À l'extrémité du lac, la cabane de Val Travers nous attend. Et c'est avec allégresse que nous nous y abritons. Cette étape clôt une première partie. Jusqu'à un certain point, nous avons fait nos preuves.

Durant ces journées, nous n'avons aucun loisir.

Les heures de marche assouvissent notre goût pour le sport, et même au-delà. Nous ne transportons ni jeu de cartes ni échiquier, ni livres ni matériel de broderie ou de peinture. Point d'appareil de radio ou de télévision. Nul théâtre ou cinéma à proximité. Point d'instruments de musique, pas même une flûte à bec, ni de partitions. Nous pourrions chanter, comme les scouts à la veillée : une basse, deux barytons, un ténor, mais quel répertoire ? Faire résonner dans ces vallées désertes les subtiles architectures de Monteverdi ou la vigueur de chants de marins aurait effrayé notre voisin, l'albatros fuligineux qui pousse des cris désespérés.

Alors, lorsque la journée s'achève et que le bivouac est installé, quelques mots suffisent à lancer une discussion, chacun y met son grain de sel, le débat s'enflamme, puis retombe assez vite. Ces échanges sont notre loisir.

Nous nous soumettons à la loi d'airain de la politesse. Aucun arbitre des élégances ne veille à nos écarts de langage. Pourtant, point de ces flèches, piques et autres mots d'esprit assassins qui font paraît-il le sel des conversations. Nous multiplions les « S'il te plaît », les « Merci », les « Excuse-moi », les « Après toi », les « Je t'en prie », tous ces marqueurs qu'on inculque aux enfants bien élevés. Nous redécouvrons leur importance et leur fonction : refonder en permanence notre contrat social à durée déterminée.

Une altercation, une invective, même une maladresse suivie d'une bouderie rendraient plus complexes et plus pesantes les relations entre nous. La concorde qui règne dans le groupe ne tombe pas du ciel, elle se reconstruit et se vérifie chaque jour par ces délicatesses, ces attentions un peu surannées. Dans ce décor étranger à toute idée de civilisation ou de civilité, et comme pour s'opposer à lui, fleurissent des courtoisies d'ambassadeur, des égards importés du salon de Madame Verdurin.

Nous évoquons des souvenirs d'autres voyages, des points d'histoire, des théories économiques, des controverses philosophiques. Bien éloignés de l'insouciance de nos vingt ans, nous ne versons jamais dans la gaudriole, la politique, ou autres sujets légers : il nous faut des horizons plus élevés. Les deux photographes échangent des conseils. Bertrand raconte ses hauts faits dans la lutte contre les pêcheurs illégaux. Hier, Fred évoquait ses interrogations de médecin sur la fin de vie à l'hôpital.

Mais la *disputatio* sans enjeu s'éteint d'elle-même. Le silence reprend ses droits. Nos corps las se reposent. Le déclin du soleil fait ressortir le vent et l'humidité, et nous ajoutons une couche de vêtements. D'un mot, le dialogue repart, cherche un point d'équilibre et s'interrompt à nouveau, comme écrit par un dramaturge paresseux.

Nous sommes subjugués par les dimensions du paysage, et le sentiment de notre petitesse. Nous nous sommes volontairement retranchés de la compagnie des hommes, et notre solitude pèse de tout son poids. Ici comme dans une cathédrale, il ne viendrait à l'idée de personne d'élever le ton ou de rire aux éclats. Nous nous faisons discrets et parlons peu, par respect pour ce qui nous entoure.

Pendant les heures de marche, le silence résulte de l'effort soutenu que nous affrontons. Quand le soir tombe, le silence est notre loisir.

REPOS

Mercredi 2 décembre – 10ᵉ jour

Journée de paresse à la cabane de Val Travers. Après un repas pantagruélique hier soir, nous dormons avec bonheur, voluptueusement tard.

La cabane n'est qu'un petit hangar métallique éclairé d'un fenestron, avec deux bat-flanc superposés équipés de matelas, et une minuscule zone de vie, où nous tenons tout juste tous les quatre assis. La température intérieure atteint un niveau acceptable, et le degré de confort ainsi provoqué nous plonge dans des combles de félicité : ne plus avoir à lutter en permanence contre le vent, se laisser un peu aller... L'expression « être à l'abri » tient toutes ses promesses.

En outre, la cabane procure un sentiment inédit de sécurité. Jamais nous n'avons été ni ne serons aussi proches de Port-aux-Français, à seulement neuf heures de marche : un col point trop élevé, la descente du long val d'Aoste, et l'anse Saint-Malo, où le chaland peut accoster. Si un accident devait survenir, une équipe de secours serait là le lendemain. Le risque le plus sérieux que nous encourons pour l'instant est l'indigestion.

Cette cabane est fréquemment utilisée pour des programmes de recherche scientifique ou pour des suivis de l'état de l'environnement par la Réserve naturelle. Sur ses flancs, une dizaine de bidons régulièrement approvisionnés regorgent de trésors gastronomiques en conserve – paella, cassoulet, couscous, choucroute, fruits au sirop, et des biscuits, et du chocolat, et des sardines, et des crèmes dessert... Nous salivons rien qu'à entendre l'inventaire proclamé à haute voix, tels des pirates découvrant des amoncellements de joyaux au fond d'une grotte. Nos palais sevrés par les vivres de course aux goûts monotones se délectent de cette explosion de saveurs franches, et nos estomacs de pouvoir manger, que dis-je, se goinfrer à satiété et au-delà. Non pas que nous ayons eu faim jusqu'à présent. Nous étions privés, non de quantité, mais de variété et de vérité de la nourriture.

Le matin, nous débattons de la suite du programme, sur deux sujets liés. Comment optimiser les charges pour arriver jusqu'au bout du projet ? Par où rejoindre la cabane Mortadelle, où nous espérons trouver d'autres conserves ? Nous avions envisagé d'aller au plus court, de passer par le glacier Ampère. Cette haute route requiert de franchir un col à cinq cents mètres d'altitude, peut-être d'avoir à y camper dans la neige, puis de traverser une langue glaciaire sur plus d'un kilomètre : comment y prendre pied, comment en descendre ? Les photographies satellite et l'examen attentif des cartes ne sont guère encourageants. Le souvenir de la sortie du couloir Mangin pèse. L'alternative est de passer plus à l'est, par le plateau central, soit trois jours et non deux pour atteindre Mortadelle.

Second débat : tous nos vivres ayant été déposés ici, quelle est la meilleure stratégie ? Passer par Mortadelle à l'aller et compter sur ses stocks ? Diminuer les rations quotidiennes ?... Tous ces points sont longuement débattus. Fred refait du café et nous ne faisons qu'une bouchée d'un paquet de gâteaux.

Mika insiste sur un point, la nécessité pour chacun d'être clair dans ses objectifs. Que désirons-nous vraiment à ce stade ? Marcher encore quinze jours ? Découvrir la péninsule Rallier du Baty ? Atteindre l'anse du Gros Ventre ? Chacun répond, écoute, réfléchit, reformule, et nous construisons patiemment un consensus. Notre projet, au départ comme aujourd'hui, est bien d'atteindre l'extrême sud de Kerguelen. Personne n'envisage d'abandonner ou de se contenter de moins. Tous nos choix doivent découler de cet impératif partagé. Il ne pourra se réaliser que si le pari fait sur les trésors de la cabane Mortadelle est gagné. Mais si nous n'y trouvons rien, il faut que nous ayons dans nos sacs encore de quoi manger pour le retour vers Port-aux-Français.

Impossible, ici, de vivre sur le pays. Aucun animal ne se laissera aisément attraper, et nous n'avons pas de fusil. Si les récits de naufragés suggèrent des bouillons de langue et cervelle d'éléphants de mer ou des omelettes d'œufs de cormoran à saveur de poisson, de telles tambouilles ne m'attirent guère. Pour se déplacer dans pareil terrain, mieux vaut avoir des rations alimentaires suffisantes.

Nous décidons de les réduire un peu, de faire durer trois jours les parts de fromage et les plaques de chocolat prévues pour deux, de diminuer le nombre de barres de céréales et de pâtes de fruits quotidiennes, de supprimer les fruits secs et les gâteaux du soir. Cette diète ne m'inquiète pas. Mika et Bertrand, qui réclament plus, porteront et mangeront entre eux les fruits secs et les desserts dont Fred et moi nous délestons.

En fin de matinée, je vais seul me prélasser dans les sources chaudes. À un quart d'heure de la cabane, au pied d'une dalle blanchâtre sort un ruisseau brûlant, qu'annoncent de loin des fumerolles. En descendant vers la rivière, entre deux talus d'acaena, il se refroidit progressivement. Les visiteurs successifs qui s'y sont baignés ont, à force, creusé des baignoires naturelles. La plus grande, élégamment signalée par un crâne de renne, peut accueillir trois personnes sur un fond de sable.

Je choisis un point un peu au-dessus, où l'eau est chaude comme un bain bouillant, et le fond couvert de vase et d'algues vertes. Je me déshabille sous la pluie et m'allonge. La chaleur et le massage du courant provoquent un soulagement immédiat et profond, un sentiment souverain de détente.

Je m'étire, je veux me confondre avec le ruisseau, je m'immerge autant que je peux. Seuls dépassent trois orteils, les rotules, et la tête à partir du nez. Ces parties du corps, exposées aux gouttes froides qui tombent d'un ciel bruineux, envoient des informations délicieusement contradictoires avec ce que vit tout le reste du corps. La fatigue des neuf jours précédents se dilue peu à peu dans la chaleur du bain. Je me frotte avec la vase, je m'y enfouis pour pouvoir ensuite m'en défaire. Je pose la tête sur un caillou immergé comme sur un oreiller, libéré de toute pesanteur. Il n'y a pas d'autres sources chaudes à Kerguelen et nous repartons demain. Rien ne presse.

Mon cerveau est vide. Je ne pense à rien, l'idée même de penser à quelque chose ne me vient pas. L'eau n'a pas d'odeur, ni soufrée ni hydrogénée. Au terme d'un vide indéterminé, je parviens à me décider et change de position : les jambes hors de l'eau et bien calées dans le talus, je m'immerge jusqu'au front, yeux clos, la tête en arrière pour pouvoir respirer, et je perds entièrement le sens du temps. Et quand le froid commence à se manifester dans les jambes, je reprends ma position initiale. Je m'ensevelis dans le flux.

Devant ces falaises que la brume efface de l'autre côté du val, un souvenir me revient. En 1981, j'effectuais mon service militaire comme aspirant dans la Marine, sur un patrouilleur basé à La Réunion. Pendant ces mois sous l'uniforme, ma bonne volonté l'emportait de beaucoup sur mon utilité réelle. Le commandant, prudent, me laissait faire les quarts, mais loin de terre. Ces instants, en compagnie de deux matelots, l'un à la barre et l'autre à la veille, ne me déplaisaient pas. J'affectionnais le quart de l'aube, de quatre à huit heures du matin. Dans cette attente de fin de nuit, face à l'horizon étale, j'écrivais parfois. J'avais acheté un carnet à la couverture de toile verte pour y noter, après un tri sévère, un texte ou un poème.

En ce jour sans substance, dans le trou d'eau chaude où je gis immobile, en apparence prostré, une phrase en ressurgit avec force, comme un éclat détaché par un coup de burin :

C'est en mesurant sans cesse l'angle entre l'île et l'étoile
Que le navire parvient à passer entre l'une et l'autre.

Durant ces heures étirées à la passerelle, j'avais feuilleté les *Instructions nautiques*. Ces volumes officiels décrivent, dans un style sobre et codifié, les ports, les mouillages, les atterrissages, et donnent aux marins les informations dont ils ont besoin. Zanzibar et Ceylan, l'Afrique du Sud et l'Inde, et toutes les poussières d'îles défilaient sous mes yeux. Les trois dernières pages du second tome étaient consacrées à l'archipel de Kerguelen, tels la fin d'un rêve, le bout du monde, l'extrémité de toutes les mers. Jamais bien sûr je n'irais là-bas. Alors dans mon carnet vert j'avais recopié patiemment la description minutieuse des dangers de ces baies mal hydrographiées.

Jamais jusqu'alors cette trace fugitive, ce premier contact à distance avec Kerguelen, ne m'était revenue en mémoire : un aspirant de vingt ans, recopiant les *Instructions nautiques* dans son carnet vert. Par désœuvrement. Par jeu. Pour cette infime parcelle de liberté qui se conquerrait à la pointe du crayon. Sans l'idée de désobéir et de mettre le cap au sud, car il y aurait fallu six jours de mutinerie. Simplement convaincu d'avoir ouvert, à l'heure où le soleil encore sous l'horizon illuminait déjà le ciel tropical et les nuages par en dessous, une faille dans la géographie, et d'avoir aperçu, depuis le 25ᵉ parallèle, l'arche de Kerguelen...

Ce moment n'appartenait qu'à moi, congédiant toute discipline, toute utilité, toute logique. Un matelot barrait, l'autre veillait. Dans une construction obscure et qui m'échappait entièrement, ma plume transcrivait dans mon carnet vert les descriptions des îles Nuageuses et du cap d'Estaing, les atterrissages usuels sur Kerguelen, et me proclamait déserteur. Depuis ces petits matins à la passerelle d'un patrouilleur, où je bâillais dans le silence de la veille et la solitude de mon minuscule et provisoire commandement, la mer et l'écriture ont tissé en moi des liens mystérieux, souterrains et solides.

L'eau porteuse de bienfaits coule continûment, me masse les épaules, le dos, les hanches, les cuisses, les genoux, les chevilles, les orteils, partout où les bretelles du sac à dos ont tiré, pesé, appuyé, partout où les chaussures ont comprimé les chairs. Tout en moi redevient fluide, léger, serein, apaisé. Un oiseau blanc tourne un moment puis s'en va. La pluie qui avait faibli reprend de plus belle.

Mes compagnons dans la cabane vaquent à leurs occupations, peut-être ont-ils déjeuné sans moi, mais je n'ai pas faim, j'ai tellement mangé depuis hier soir que le repas peut attendre. Le soleil reste invisible, mais le soir me semble encore loin. J'ai le temps. Je me prélasse, je me délasse. Je rêve. Je suis exactement là où j'ai rêvé d'être.

Aucun bassin, aucune piscine thermale, aucun spa de palace, si luxueux et fleuri soit-il, ne m'a plongé dans des délices plus exaltées que ce trou dans un ruisseau d'eau tiède, courant dans une prairie sans arbres, au travers d'une vallée battue par les vents et la brume.

L'arrivée de Bertrand me sort de ma torpeur. Il a apporté son coupe-ongles, et je le lui emprunte. Mes pieds ont bien mérité quelques soins, et je m'adonne avec sérieux à une séance de pédicure.

De retour à la cabane, en milieu d'après-midi, nous mangeons sans retenue : des petits pois, des pâtes, des maquereaux à la moutarde, des gâteaux, du chocolat. Et puis du thé et des gâteaux, puisque c'est l'heure du thé.

Après que nous avons déterminé la charge et sa répartition entre nous pour les neuf jours qui nous séparent de Mortadelle, nos sacs n'ont jamais été aussi lourds, le mien dépasse les vingt-cinq kilos. Le surplus de vivres que l'hélicoptère a livré et que nous ne pourrons emporter emplit pour les hôtes futurs trois bidons entiers, bien plus que ce que nous avons mangé ou prélevé.

J'abandonne ici ma casquette, que je n'ai pas eu l'occasion de porter plus d'une heure depuis le départ. Elle est ornée d'une carte de la Nouvelle-Calédonie sur fond bleu foncé, et pend désormais à un clou dans la cabane de Val Travers. Il ne me déplaît pas que la Nouvelle-Calédonie et Kerguelen, ces deux composantes de l'outre-mer, celles qui comptent le plus pour moi et auxquelles j'ai consacré de belles années de vie professionnelle, se rejoignent ainsi, et sans doute pour longtemps.

Nos prochaines étapes étant ainsi assurées, il est temps de retourner à table pour un dîner sans retenue. La cabane ne nous apparaît pas seulement comme un palais de l'abondance, mais aussi comme une taverne. L'hélicoptère y a déposé pour nous des vivres à profusion, mais aussi des bières.

Six mois plus tôt, alors que nous établissions avec minutie notre liste de courses, j'avais proposé d'en bannir toute boisson alcoolisée. Malheureux que je suis ! Cette idée saugrenue fit l'unanimité, mais contre elle. En réponse, chacun me fit narquoisement part de sa stratégie de contournement, l'un par transvasement dans d'innocents récipients, l'autre par dissimulation d'une fiole de génépi au fond de son sac. Avec humour, ils me proposaient en somme d'endosser le rôle de l'adjudant de semaine ou du pion d'internat qui vérifie le respect des règlements. La leçon fut salutaire, venant de sportifs bien peu portés sur la bouteille. Je le compris aussitôt : cette contrainte que je leur proposais, et qui ne venait pas d'une démarche personnelle, leur parut une punition, non une ascèse. La prohibition fut récusée.

Dans un bidon nous attendent donc quelques canettes. Mes compagnons y font raisonnablement honneur, pour célébrer la mi-temps de notre parcours. Je décline l'offre sans avoir le sentiment de consentir un sacrifice, et les regarde boire sans les envier. Et je me félicite de mon choix lorsque je les entends tous trois confesser n'avoir pris aucun plaisir à leur apéritif. Ils peinent à le finir, et n'y trouvent pas le réconfort attendu. L'idée de la bière avec laquelle ils ont marché avait plus de saveur que la bière elle-même.

VERS LA CABANE MORTADELLE

Jeudi 3 décembre – 11ᵉ jour

Ce jour compte. Aujourd'hui se réunit le comité de lecture de Gallimard qui doit statuer sur mon troisième roman. Je ne découvrirai sa décision qu'à mon retour, début janvier. Dans notre culture de l'immédiat, un tel délai tangente l'infini.

Nous sommes privés de contacts avec le reste du monde. Nous ignorons tout des actualités. La chronique des postures et des manœuvres politiciennes ne nous manque pas. Nous ne savons rien du résultat des élections régionales ou de la Conférence de Paris sur le climat. La guerre en Syrie et les menaces terroristes continuent probablement. Nous sommes ailleurs.

Deux jours après l'appareillage, une semaine avant le début de l'aventure, nous avons appris les attentats de Paris du 13 novembre 2015. Deuil national, drapeaux en berne, anxiété pour les proches : comme tous les Français l'horreur nous sidère, l'incompréhension nous glace. Comme tous les Français ou presque, nous ne pouvons rien faire, sinon continuer à vivre et refuser la terreur. Le *Marion Dufresne* progresse vers le sud, le froid, la paix. Les tempêtes australes nous éloignent des tourments de l'actualité.

Nous n'en avons jamais reparlé. Nous ne ferons pas aux terroristes le cadeau de les emmener avec nous, passagers clandestins de notre beau voyage. Nous voulons voir au moins ici une planète libérée de leur folie criminelle.

Plus que les nouvelles de France, ce sont celles de nos familles qui importent. J'ai choisi de ne pas en recevoir de messages. Je suis parti égoïste, et je fais avec. De même que je ne sais rien de mes proches, de même ils ne reçoivent rien de moi. Cette fausse symétrie ne doit pas me tromper. Je connais leurs jours ordinaires, ils ne peuvent que conjecturer mes jours extraordinaires. Je suis dans l'aventure, loin de tout, et eux dans le quotidien.

J'ignore si le comité de lecture siège le matin ou l'après-midi. D'un tempérament optimiste, je présume un verdict positif, et je débute la journée avec un petit sourire aux lèvres.

En outre le soleil brille dans un air presque tiède. Le temps de boucler les sacs, il neige.

Après un petit déjeuner de travailleurs de force, encore un prétexte pour traîner un peu, se refaire un café, avec une dernière tranche de gâteau, puis encore une... Ainsi lestés, nous repartons d'un bon pas, malgré le poids des neuf jours de vivres. Je craignais un peu le redémarrage après la journée de pause, la protestation de tout le corps, mais au contraire, grâce au bain chaud peut-être, les muscles retrouvent avec un plaisir perceptible le rythme de la marche, dans une bruine bien installée.

Nous remontons le Val Travers, souilleux tout du long, en restant en pied de colline en rive gauche. Après un premier verrou qui annonce les montagnes, nous admirons la cascade parfaite, comme la qualifie Fred : trois bras en haut, une vasque, deux bras au milieu, une vasque, trois bras en bas. Comme les trois niveaux ont la même hauteur, on croirait voir, dans le parc de Chambord ou du palais Pitti, une rocaille Renaissance.

La sortie du val se distingue ensuite : comme souvent en haut de ces vallées cernées de montagnes tabulaires, un amphithéâtre coupé de petites falaises, où je ne découvre aucune possibilité. À son pied, Mika remarque sur son extrémité sud une étroite gorge, invisible d'en bas, qui entaille la partie la plus à gauche de la falaise. Nous la remontons, grimpant le plus souvent dans l'eau d'un torrent, au débit heureusement modeste aujourd'hui : en somme, du canyoning, mais ascendant.

Ensuite, un agréable chemin de ronde nous amène sous le col, où nous déjeunons rapidement derrière un gros rocher, à l'abri relatif du vent, et de la neige qui a repris. Je m'adapte à notre mode d'alimentation moins collectiviste que les jours précédents. Le chocolat fait partie des suppléments dont chacun a choisi de se doter. J'attaque ma tablette avec parcimonie.

La montée terminale nous amène au col, et à une vision sidérante : trois cents mètres plus bas coule l'Alster, dans une vallée étroite où le soleil ne semble jamais pouvoir pénétrer ; et face à nous se dresse le Grand Rempart, une impressionnante barrière de basalte de neuf cents mètres de haut qui ne comporte aucune fragilité, aucun passage.

Toute la moitié supérieure du Grand Rempart est caparaçonnée de glace, les cascades n'y coulent plus et ont été saisies dans leur mouvement, comme le sang séché de multiples blessures. À droite, en direction de la calotte, le haut du val est barré par un grand névé qui descend d'un col invisible, et a exactement la forme d'une langue tendue par un polisson. La porte du Cook nous tire la langue. Le ciel bas, gris, lourd en nuages, et les hurlements du vent ajoutent à ce tableau une touche plus angoissante encore.

Le col n'a qu'une altitude modeste. Mais encore faut-il en redescendre. Le côté sud est barré par un précipice. Quoique sujet au vertige, je m'y penche autant que je peux et pas plus que les autres ne trouve de solution.

Fred part à l'est et Mika à l'ouest pour chercher un passage. La neige s'arrête mais il fait un froid de loup. Immobile dans ce courant d'air, j'attends leur retour avec une certaine appréhension, tant le relief semble annoncer, au mieux, une désescalade bien trop raide à mon goût.

Un sommet, c'est par définition une impasse, un cul-de-sac. J'ai toujours préféré les promesses d'un col. Comment peut-on, à son pied, ne pas être tenaillé par l'envie de monter voir ce qu'il y a de l'autre côté ?

Les cols de Kerguelen ne sont balafrés d'aucun sentier ni marqués d'aucune trace de pas. Ils ne requièrent aucun passeport, ne donnent accès à aucun hameau, et n'ouvrent que sur une vallée non moins déserte que la précédente. Leur franchissement s'inscrit dans le fil de la journée comme l'un des rares événements. Il contresigne et valide notre progression. Son sceau se mérite, et honore notre certificat virtuel.

Fred revient, il a trouvé une voie en longeant l'arête qui d'abord remonte, puis débouche sur un passage en dévers dans les éboulis. Une longue traversée nous ramène sous le col, à une étroite gorge où nous pratiquons une petite manœuvre de cordes pour sécuriser le passage. Une ultime descente droit dans la pente raide nous amène au fond du val d'Alster.

Regroupés au bord du torrent, nous hésitons encore : descendre, vers le lac Sibélius et trois jours pour atteindre la plaine Ampère ? Ou monter, vers la porte du Cook et demain soir la cabane Mortadelle, de l'autre côté du glacier ? Les prévisions météorologiques d'hier soir semblaient favorables, nous nous sommes bien reposés, Fred et Mika ont les yeux qui brillent à l'idée de tenter ce coup de poker – et pourtant ils ont constaté mon faible niveau comme alpiniste... Puisqu'ils sont prêts à s'engager avec moi dans cette traversée, je leur fais confiance. C'est décidé. Renversant la solution qui semblait se dessiner hier dans le confort de la cabane, nous choisissons l'option la plus directe, la plus rapide, la plus engagée, et remontons.

Un gros troupeau de rennes, où quasiment toutes les femelles sont suitées, fuit devant nous vers le haut en trottinant, jusqu'au moment où la doyenne qui conduit la harde change de tactique, remonte en contrefort du Grand Rempart, et nous déborde au grand galop.

Monter au col en milieu d'après-midi n'aurait aucun sens, et l'étape de demain promet d'être rude. Mika choisit un replat à la rupture de pente, à l'abri relatif d'un gros rocher, pour planter la tente. Je traverse le torrent sur des pierres pour le rejoindre, glisse, tombe à quatre pattes dans l'eau froide. Veste, gants et pantalon mouillés deux minutes avant l'arrivée, c'est vraiment vexant !

Nous sommes devenus experts en castramention. Du fond de ma mémoire me revient ce mot très ancien qui désigne l'art de monter le camp pour une armée en campagne. Notre castramention civile est désormais d'une parfaite efficacité, nous nous comprenons sans parler, et les gestes s'enchaînent : la collecte des pierres, le montage et la fixation des arceaux, les piquets, le double-toit, les haubans, le lestage des jupes, l'installation de la couverture de survie, les sacs à dos dans les absides et leur contenu dans la tente, chacun son tour le déshabillage et le plaisir de revêtir les affaires de nuit sèches et chaudes, le gonflage des matelas, leur dépose le long de parois afin de dégager un carré central qui nous tient lieu de table pour le dîner et de repose-pieds.

En une heure maintenant, nous passons de la station verticale du randonneur à la station horizontale du repos. Nous réussissons ce tour de force quotidien de créer, dans ce désert froid et venté, un îlot, un refuge, où la température remonte.

Je sors un instant pour aller chercher de l'eau. La tente orangée paraît briller d'une lumière irréelle. Mes compagnons s'y reposent. Et d'un coup, une interrogation surgit du néant, des falaises, de ce décor d'une austérité radicale : suis-je le gardien de mon frère ?

Cette question, qui vient du tout début de la Bible, ne cesse de hanter notre culture. Caïn, fils d'Adam et Ève, a tué Abel. « L'Éternel dit à Caïn : Où est ton frère Abel ? Il répondit : Je ne sais pas ; suis-je le gardien de mon frère ? » (Gen 4, 9). Gardien, selon la traduction française la plus usuelle, mais légèrement déformante : non pas comme un gardien de prison, mais avec l'attention, la douceur, la délicatesse d'une mère qui veille son enfant.

Évidemment, l'Éternel sait ce qui s'est passé au milieu des champs, la traîtrise et le crime de Caïn. Il n'interroge pas comme un enquêteur de police, sans doute espère-t-Il une parole de repentir. Caïn nie l'évidence. Le verset suivant le confond : « Et Dieu dit : Qu'as-tu fait ? La voix du sang de ton frère crie de la terre jusqu'à moi. » (Gen 4, 10).

L'Éternel ne répond pas à la repartie insolente de Caïn.

Cette provocation reste comme une flèche, tirée vers le ciel depuis trente siècles et qui jamais ne retomberait.

Ce soir, en regardant de loin mes trois compagnons, la question de Caïn me revient à l'esprit. Je suis avec vigilance leur gardien. Je me sens responsable de leur sécurité, pas seulement de la mienne. En permanence, je suis attentif à de possibles dangers pour les en prévenir.

Cette volonté ne me protège pas des erreurs : mon expérience de la montagne et de la randonnée, très évidemment inférieure à celles de Mika ou de Fred, ne m'exonère pas de naïveté, voire d'imprudence, ni d'incompréhension ou d'erreur dans l'analyse d'une situation. Mais peu importe. Je fais de mon mieux, tout simplement.

Nous sommes tous prudents, attentifs aux risques. Nous avons soigneusement étudié l'itinéraire et défini nos équipements. Les chutes de pierres, les traversées de rivières, les passages de cols, les tempêtes peuvent nous menacer et nous nous en protégeons ensemble. Qu'un accident survienne, et tout le projet s'écroulerait. Qu'un drame nous frappe, et le sentiment de culpabilité ne me quitterait plus jamais. Pour la durée de notre marche, mes compagnons me semblent plus proches et plus importants que mon frère aîné, là-bas dans sa maison de Manosque. Je devine que lorsque cette aventure sera terminée, que nous aurons rejoint sains et saufs Port-aux-Français et la petite communauté d'hivernants, cette proximité de tous les instants, ce sentiment immédiat de fraternité s'évanouiront – ainsi que cette légère tension, ce souci constant que j'ai d'eux. À leur place, l'amitié, la camaraderie : des relations normales, mais de moindre intensité.

Pendant ces journées, je suis à chaque seconde le gardien attentif de mon frère, de chacun de mes frères de marche, comme on dit frères d'armes. De la même manière, sans qu'il ait jamais été besoin de le dire, chacun d'eux veille sur moi. Cette certitude me rassure, me protège, me soutient et me renforce. La malédiction de Caïn, pendant notre séjour et pour ce qui nous concerne, perd de son venin.

Car Kerguelen est une île d'avant Caïn. Si des hommes y ont trouvé la mort, par accident ou par désespoir, aucun n'y a jamais péri de la main de son frère. Une terre que le sang d'aucun meurtre n'a jamais souillée appartient-elle vraiment à l'humanité ? Je ne sais. On peut en douter. Le cas de Kerguelen est singulier et sa leçon ambiguë. Nous arpentons une lisière du monde.

Nous savons bien que nous ne vagabondons pas dans une province reculée du paradis terrestre. Même si les animaux n'ont pas peur de nous, le froid, la pluie, le vent, l'absence d'arbres et de plantes comestibles nous rappellent qu'avec Adam et Ève nous en avons été chassés. Les portes du jardin d'Éden se sont refermées derrière nous. Le péché originel pèse plus lourd que nos sacs à dos. Nous sommes d'après la chute.

D'après la chute, mais d'avant le crime. Dans un intermède inexploré, infiniment bref, fleurant l'hérésie. Sous le bénéfice d'un contrat social sans morale, sans économie et sans confort. Nous nous faufilons dans un espace minuscule de l'histoire humaine, ou peut-être – que serait l'histoire sans les crimes ? – nous foulons un sol hors de toute histoire. Après le meurtre, « Caïn se retira de devant l'Éternel, et séjourna dans le pays de Nôd, à l'est d'Éden » (Gen 4, 16). Depuis le départ, nous marchons au sud d'Éden. Pour cette raison-là aussi, les paysages de Kerguelen me parlent une langue étrangère.

La repartie du meurtrier d'Abel choque par son cynisme.

Ce soir, je comprends surtout que l'Éternel ne lui a pas répondu. Il ne se laisse pas enfermer dans l'alternative proposée, le Oui ou le Non. Son silence sur cette question nous laisse seuls face à notre propre choix, aux deux pôles qu'elle contient et dont aucun ne peut nous satisfaire pleinement. Si Caïn n'est pas le gardien de son frère, si les innombrables liens qui fondent toute vie sociale comptent pour rien, alors tout est permis et le chaos menace. Mais si Caïn est le gardien de son frère et de proche en proche de toute l'humanité, et nous avec lui, notre liberté disparaît devant une responsabilité aussi écrasante.

Suis-je le gardien de mon frère ? Le silence de l'Éternel sur cette question vaut réponse. Je ne connaîtrai sa sentence définitive qu'au jour du Jugement dernier.

Pourtant, à qui tend l'oreille, l'Éternel laisse un indice. À la question insolente, Il répond par une autre question. Il laisse de côté, peut-être même néglige-t-Il, l'interrogation très générale de Caïn, son approche théorique, existentielle, portant sur une qualité. Ainsi posé, le débat peut sembler sans fin : le meurtrier tente de se dissimuler dans un confortable labyrinthe dialectique. Alors Il lui demande très concrètement ce qu'il a fait. Non pas un principe abstrait, une définition pour philosophes ou théologiens, mais un acte. Ce sont nos gestes, et parfois un seul d'eux, qui sculptent nos vies.

Peu importent les discours, les postures, les convictions, les émotions, même sincères. Au jour de la pesée des âmes, lorsque je me présenterai nu et tremblant devant saint Pierre, lui aussi me dira seulement : qu'as-tu fait ?

Peu à peu, alors que l'ombre gagne la vallée où pour un soir se dresse notre tente, d'autres souvenirs de la Genèse me reviennent par bribes.

Cette île où nous marchons, où ne pousse rien d'utile à l'homme, est aussi une île d'avant Caïn le laboureur. En voyant ces mousses et ces buissons rampants, je la déclare stérile : non pas dans l'absolu, car ces plantes sont adaptées à la rudesse du climat et la pauvreté des sols, mais stérile pour l'homme qui ne peut rien en tirer, ni même y faire paître ses troupeaux. Caïn fuit éternellement à l'est d'Éden, et chacun des pas que nous faisons sur ces cailloux et ces marécages déroule devant nos yeux jamais rassasiés les paysages du sud d'Éden.

Ici jamais les éclairs ne hachent l'horizon, jamais le tonnerre ne retentit. Faute de masses d'air chaud se heurtant à l'air froid ? Non. Au plus profond de ce ciel sans courroux ni fureurs, je discerne le silence de l'Éternel.

Dans le vent qui tombe des montagnes, je n'entends pas Sa colère face au crime de Caïn. Et, face à Son mutisme en ces lieux trop rudes pour nous, je proclame néanmoins, d'une voix sourde et assurée, avec orgueil et humilité, pour un temps hors du temps et dont je sais la brièveté : « Oui, je suis le gardien de mon frère. »

Vendredi 4 décembre – 12ᵉ jour

Le haut val d'Alster se termine par un petit lac rond, aux eaux couleur ardoise. Je pensais devoir attaquer directement, droit dans la pente neigeuse qui y achève sa course, mais Fred et Mika préfèrent prendre de la hauteur en rive sud, à l'abri du vent, par une série de plans inclinés recouverts de givre, moins raides et glissants qu'ils ne le paraissaient vus d'en bas. Une traversée dans la neige amène sur un replat, où commence le grand névé que nous avons contourné. Un vacarme retentit : pierres, boue et blocs mêlés dévalent de la muraille opposée, plongent sur la langue terminale et sautent dans le lac. Heureusement que ce n'est pas moi qui décide de l'itinéraire...

Le replat n'est pas le col : non pas la porte du Cook, mais le début du seuil. Un long vallon s'ouvre devant nous, balayé par un vent constant et contraire d'au moins trente nœuds, qui chasse la neige à l'horizontale, nous fatigue, nous ralentit, nous bouscule, nous assomme. Pour lui donner moins de prise, il faut marcher courbés, les yeux protégés par les lunettes, fixés sur les empreintes du marcheur

III

précédent, sans horizon ni visibilité. Rien d'autre à faire que de conserver son allure, pousser sur les bâtons et avancer sans penser ni se plaindre, sur cette pente douce et sans obstacle qui semble ne jamais pouvoir finir.

Enfin, sur un éboulis latéral de pierres et scories volcaniques qui tranchent avec toute cette blancheur, nous y sommes ! Plus besoin de monter, cette terrasse enneigée sans relief, entre deux murailles, dont les sommets restent invisibles, est le col. Le val devant nous redescend toujours aussi doucement. La porte du Cook s'est ouverte pour nous. Combien d'hommes sont déjà passés par là ? Probablement moins de cinquante. Le vent forcit encore, nous ne traînons pas. Nous avons gagné le premier pari de la journée, à vrai dire le plus facile.

La redescente se fait dans des bourrasques de neige qui empêchent de voir quoi que ce soit. Impossible de décrire le paysage, sauf un ruisseau qui me tient lieu de fil d'Ariane. Peu à peu la neige au sol diminue, voire disparaît. Des zones de blocs instables, de pierres, de graviers alternent. Je suis bancal, asphyxié, noyé, étouffé par les bourrasques et les tourmentes de neige. Je titube comme un homme ivre, mal calé par des appuis incertains sur un sol qui multiplie les traîtrises. Je suis perdu au milieu de ce que les Québécois appellent je crois une poudrerie, un brouillard de neige volant en tous sens. Le combat est inégal, je m'y épuise, les trois autres sont hors de portée, je ne les vois plus. Je trébuche et tombe, heureusement sans dommage.

Serrer les dents, garder son calme, avaler une pâte de fruits, avancer encore... La pente s'accentue et je cherche à chaque pas où poser mon pied. Le vent mollit un peu. J'en profite pour me retourner, reprendre mon souffle, et je distingue non loin une cascade élégante, que je n'ai pas entendue tant le vacarme du vent domine tout et m'impose sa loi.

Décidément la porte du Cook est bien gardée des deux côtés. Une accalmie finit par se produire, il fait un peu moins froid, la neige tourne en pluie, et je distingue Bertrand, un peu plus loin Fred et Mika qui m'attendent patiemment sur une vaste étendue de cailloux noirs et de boue glaiseuse, molle et sans forme. Lorsque je les rejoins, Mika me fait remarquer que nous sommes au fond du lac du Bouchet. La lecture de la carte le confirme. Mais où donc est le lac ?

La pluie fait mine de s'interrompre. Le lit exondé permet une progression plus rapide. Arrivés à un belvédère qui correspond à l'ancienne berge ouest, nous retrouvons le lac, couleur café au lait, deux kilomètres plus loin et cent mètres plus bas. Il a triplé de surface, et ennoyé toute une vallée latérale.

Mais qu'est-ce que c'est que ce pays, où les cascades remontent vers le ciel et où les lacs se déplacent ? J'ai bien contemplé au Canada Maligne Lake, le lac sorcier, à pleins bords au printemps, qui se vide progressivement l'été pour être à sec à l'automne. Hormis un banal problème de robinet entre les apports et les pertes, il reste au même endroit, lui !

À la faveur d'une première éclaircie, l'énigme se résout. L'ancien lac s'était formé contre le mur de glace du glacier Ampère. Celui-ci a reculé, et le lac s'est reformé contre le même barrage, un peu plus bas. Un prochain jour, cataclysmique mais sans témoins, le poids de l'eau dépassera à nouveau la résistance de la glace, et, forçant le passage, le lac se déversera derechef.

Aujourd'hui, il occupe toute une vallée, qui, alors englacée, n'apparaissait pas sur les cartes. Le nunatak de Lapparent a complètement émergé sur son flanc sud, et se révèle la pointe d'une montagne dont le pied disparaît dans le lac nouveau. Elle devrait s'appeler mont de Lapparent, et je ne vois plus de nunatak. Depuis l'établissement des cartes en 1965, le paysage a été modifié de fond en comble par le recul de la calotte et ses conséquences multiples.

De cette terrasse, nous gagnons sans difficulté un balcon sur le lac, où notre progression s'arrête. Devant nous, une paroi infranchissable ; à droite, le vaste plan d'eau, où dérivent quelques icebergs, comme de la chantilly sur une bassine de chocolat. Juste après, le glacier nous nargue, mais comment l'atteindre ?

Fred et Mika tentent une reconnaissance en descendant un éboulis vers la berge, et disparaissent. Immobile, je ne parviens pas à lutter contre le froid. Je suis trempé, le vent a repris, l'éclaircie n'a pas duré, averses de neige et de pluie alternent pour me rincer. Je me blottis derrière un rocher, sans grand bénéfice, puis je remets mon sac à dos et tourne en rond comme un prisonnier dans la cour de promenade.

Au-dessus de nous se déploie une montagne taillée à la serpe, et justement dénommée la Grande Barrière. Aucun vallon, aucune faille ne vient fléchir ce mur noir orienté nord-sud.

L'absence des deux éclaireurs se prolonge, et je veux croire que c'est bon signe. S'ils n'avaient pas trouvé de passage, ils seraient revenus plus tôt. Mais peut-être ont-ils besoin d'aller loin pour constater l'impasse ? Je tremble de froid et envisage l'échec et sa suite : repasser la porte du Cook, le vent dans le dos, et redescendre au camp de ce matin. Je mentionne incidemment à Bertrand que, dans ce cas, nous n'aurions pas à rechercher les pierres pour la tente, qui nous attendent sur place. Cette médiocre plaisanterie ne le fait pas sourire. Aucun autre lieu de bivouac ne me paraît possible sur le trajet. Huit heures d'effort pour rien... Dans les discussions à la cabane de Val Travers, nous avons bien imaginé une autre solution, monter au col Romanche à près de mille mètres d'altitude et redescendre sur le lac Marioz. Cinq cents mètres au-dessus de la porte du Cook ? Je ne m'en sens pas la force.

Nous avons tenté un pari, nous avons pris le risque du demi-tour, il faut l'assumer en face. Notre réussite dans la porte du Cook ne vaut en rien créance sur la suite. Ce col, indifférent, ne distribue pas de visa.

Derrière nous le paysage se dégage, le mont du Renne, le mont Saint-Ours apparaissent, dominant le vallon que nous avons descendu. De tous côtés, des falaises de basalte, des névés suspendus, des pointes englacées, des précipices. La calotte Cook se dévoile peu à peu, et ferme le paysage par le haut. Rien de plus austère que ce spectacle qui assombrit mes pensées, alors que, de plus en plus frigorifié, je continue de tourner en rond sur ce replat.

Enfin Mika et Fred reviennent. Mika, taiseux comme souvent les montagnards, m'adresse de loin un clin d'œil et sourit jusqu'aux oreilles en rechargeant son sac. Je ne comprends toujours pas où nous allons nous faufiler, mais à leur suite, nous descendons vers le lac. Après un passage raide et glissant, à une quarantaine de mètres en surplomb de l'eau, se dessine une vire horizontale assez large et confortable dans laquelle nous nous engageons. Le soleil est enfin sorti franchement et commence à nous réchauffer. Nous avançons comme sur le trottoir d'un grand boulevard, parsemé de blocs, parfois arrosé par de petites cascades, mais sans aucun piège.

Un renfoncement sec et à l'abri du vent nous incite à déjeuner. Je propose de nous en passer, mais Fred insiste et ma foi il a raison. Cette pause au soleil, même rapide, nous redonne des forces, nous sèche et nous remet en joie. Nous repartons ragaillardis, toujours à plat sur cette vire du miracle. Et arrivés à son terme, d'un pas, d'un simple pas nous prenons pied sur le glacier Ampère. Nous avons gagné le second pari de la journée, le ciel bleu est de retour et l'euphorie nous gagne.

Vire du miracle, parce que franche et placée au bon endroit. Vire du miracle aussi, parce que dans cinq ans le niveau du glacier aura baissé, et qu'elle se terminera trop haut pour qu'aucun marcheur ne puisse en redescendre. Nous avons inventé un passage que personne n'avait tenté, que personne ne reproduira, une trace élégante et unique, une représentation donnée une seule fois.

La marche sur le glacier ne présente aucune difficulté. Excellente visibilité ; pente faible ; glace vive d'une belle couleur argentée, où les chaussures accrochent bien et où les crampons seraient superflus ; aucune neige pour dissimuler les crevasses, peu nombreuses, minces, et que nous contournons. Inutile donc de s'encorder. Mika, qui a l'expérience des glaciers d'Islande et du Groenland, montre le chemin. En une petite heure, nous arrivons de l'autre côté, et reprenons pied sur la terre ferme aussi facilement que nous l'avons quittée. Ce léger bond constitue un troisième pari gagné, je ne le comprends qu'après : rien, et sûrement pas l'aisance de notre entrée, ne nous garantissait en effet une telle sortie.

Cette victoire rend heureux, mais me tend un piège insidieux, auquel je succombe : croire que la journée serait terminée. Les heures qui vont suivre, en rive droite du glacier, vont compter double.

Nous sortons par une gorge un peu raide, longeons un premier lac non porté sur la carte, le lac Tibétain, montons au-dessus d'un second, plus considérable mais tout aussi jeune, le lac Alexandra David-Néel. Derrière nous, la calotte Cook, dont le glacier Ampère n'est qu'un des nombreux émissaires, entièrement sortie des nuages, brille avec une inquiétante douceur. Je l'avais vue pour la première fois le cinquième jour, elle dormait sur les montagnes loin au sud. Je l'ai retrouvée sur l'épaule de la Tourmente, impériale, plein ouest. Et maintenant il me faut me tourner vers le nord pour lui présenter mes hommages...

Nous redescendons en tâtonnant un peu vers le déversoir, que nous traversons sans difficulté. Au moment où je parviens sur l'autre rive, un coup de vent brutal, inattendu et d'une direction opposée à celle de la minute précédente m'arrache mon bonnet. Je le vois tomber à l'eau comme au ralenti, esquiver la pointe du bâton avec lequel je tente de le harponner, partir avec le courant, ralentir dans un virage où il pourrait s'échouer, mais le flux le reprend, il disparaît dans une grande cascade, et de là dans le lac Ampère, en contrebas. Mauvaise, très mauvaise blague ! Ma casquette est pendue à un clou à Val Travers, et je vais devoir continuer tête nue, la sensation de froid est immédiate. La seule capuche de ma veste ne suffit pas.

Dans mon souvenir, l'accès à la cabane de Mortadelle, ce point rouge qui se détache sur une croupe non loin, se fait par le bas, presque au bord du lac Ampère. Mika et Fred optent à nouveau pour le haut. Il est vrai que souvent à Kerguelen la solution d'un problème est en amont. Je les suis, maugréant un peu, grognon à cause de la perte de mon bonnet et de leur choix. Nous montons dans une pente raide – un dernier effort dans une bien longue journée – jusqu'à une épaule de la Mortadelle. Et là, récompense ! Les nuages ont disparu. La vue sur l'arrière, le lac et le glacier Ampère, la calotte, le mont du Renne et le mont Saint-Ours, offre un magnifique panorama de montagnes, et j'y redessine par la pensée notre itinéraire depuis la vallée de la porte du Cook.

Mais c'est le paysage de devant qui nous coupe le souffle. Nous découvrons, après le sandur de la plaine Ampère et le lacis des bras des rivières Ampère, Diosaz et du Casque, la profonde baie de la Table : enfin la côte sud ! À l'est, derrière la haute presqu'île du Bougainville, le mont Ross reste caché ; à l'ouest, après trois entablements successifs, les Trois Ménestrels, les Sentinelles, Château-Gaillard, se détache sur un ciel bleu vif un cône symétrique, le mont des Rafales, un petit Fuji-Yama, entièrement noir. Au-delà, les îles du Prince-de-Monaco, comme une vaste esplanade flottant sur les eaux. Avec ce beau temps, les eaux de la baie de la Table acquièrent la couleur et la transparence d'un lagon polynésien.

Nos ombres s'allongent. Nous devons nous arracher à la contemplation et à la photographie, et entamer la descente vers la cabane Mortadelle. Le début est aisé, un glacis caillouteux doucement incliné. Peu à peu, la pente se renforce, les barres rocheuses apparaissent, entre lesquelles il faut se faufiler, dans un relief de plus en plus exposé. Mika et Fred partent chercher un passage, explorant l'une après l'autre les cheminées qui s'enfuient vers le vide. Fred parvient même jusqu'à une vingtaine de mètres à la verticale de la cabane. Il hésite à laisser tomber son sac, puis y renonce : on ne sait jamais. Comment diable quitter ce rognon ? Le froid revient et les averses de neige. Pas d'autre solution que de faire demi-tour. Nous avons perdu notre quatrième pari, heureusement le moins important.

Nous remontons jusqu'à l'épaule, et ce si beau paysage,

que nous ne pensions pas revoir de sitôt, nous charme et nous retient beaucoup moins que la première fois – mais la lumière a baissé. Nous redescendons, d'un pas aussi mal assuré qu'à la montée, presque jusqu'au déversoir où mon bonnet s'est envolé. Une gorge un peu raide nous conduit à un plan médian. De là, tout en travers par des éboulis, nous progressons tel un troupeau de dahus. Une zone de scories, raide, instable, à la verticale du lac, ralentit notablement notre progression. Dans tel rocher rouge, dans telle marque jaune, je crois naïvement discerner des marques pour randonneurs égarés – mais ce ne sont que fantaisies de la nature, lichens, voire hallucinations volontaires. Je suis à bout de forces.

Une rude ascension dans un éboulis, un cairn visiblement de la main de l'homme, une grimpette finale dont je ne vois pas la fin nous amènent presque au but. Encore un peu de courage! Mika continue droit devant lui, remontant une petite cascade. Je le hèle, dix mètres à sa gauche j'ai repéré une échelle en fer. Cet aménagement sommaire signe la fin de l'étape. Nous approchons. Enfin la cabane rouge surgit, juste devant nous.

Notre choix d'itinéraire par le haut nous a rajouté trois heures d'efforts – gaspillons le temps, notre seule richesse.

Nous avons marché douze heures quasiment sans arrêt depuis le haut val d'Alster, et après un rapide repas nous nous écroulons dans les duvets.

REPOS

Samedi 5 décembre – 13ᵉ jour

Au réveil, je constate une érection, en soi banale, mais ici aussi inappropriée que surprenante. Je ne me souviens pas du rêve qui, dans le confort retrouvé d'un lit et l'abri de la cabane, a provoqué cet état. Sa singularité, ou mieux son incongruité, me frappe. Depuis le départ, toute sexualité semblait congédiée.

J'en parle au docteur, qui doit savoir comment tout cela fonctionne. Fred me confirme que, face à un effort aussi soutenu, le corps se détache de tout ce qui ne lui vient pas en aide. Une partie entière du cerveau semble temporairement désactivée. Ce n'est pas l'absence de femmes qui provoque cette asthénie, c'est l'économie d'énergie. Nous vivons donc asexués, ou plutôt non sexués depuis deux semaines, sans remarquer cette privation ni en souffrir. Elle aussi fait partie de l'aventure.

Après la bambée d'hier, décision prise à l'unanimité : relâche !
La cabane de Mortadelle se compose d'un dortoir et d'une

pièce à vivre, avec une table et des bancs. Quoique métallique, elle conserve bien la chaleur. Elle est équipée d'un radiateur à gaz. Nous passons la journée au coin du fourneau, à manger, coudre, boire, réparer, manger encore, et réfléchir à la suite. La tiédeur et l'abondance de nourriture incitent à la torpeur. Nous entendons le vent hurler à l'extérieur. À deux pas du glacier, les averses de neige se succèdent.

Après déjeuner, je profite d'une éclaircie pour sortir, m'adosser au mur de la cabane et je regarde. Il me faut quelques minutes pour réconcilier ce que je vois avec mon souvenir de la carte. L'île de Kerguelen a approximativement la forme de la lettre K. On pourrait en sourire, mais je ne crois pas au hasard dans cette correspondance entre microcosme et macrocosme.

Nous sommes entre les deux jambes du K, les péninsules Rallier du Baty à l'ouest et Gallieni à l'est. Entre les deux, la vaste baie d'Audierne. Celle-ci se subdivise en trois baies profondes, parallèles, orientées plein nord, la baie de Chimay, au centre la baie de la Table, et la baie Larose. Les successions de la baie de la Table, de la baie d'Audierne et de l'océan se marquent par un dégradé de bleus qui s'assombrissent.

Juste avant de s'achever à la plaine Ampère, la baie de la Table, jusque-là la plus large et la plus rectiligne des trois, s'offre une fantaisie : elle tourne et se faufile plein ouest, et sous le nom de fjord des Portes Noires semble vouloir partir à la rencontre du fond de la baie de Chimay. Je compte les montagnes qui ferment l'horizon sur la droite et identifie les Sentinelles et Château-Gaillard, silhouettes massives qui gardent l'entrée du fjord. Notre prochaine journée de marche nous amènera par là-bas.

De l'autre côté, la baie Larose reste invisible, derrière une arête tabulaire qui court plein nord. Soudain un nuage de neige descendant du glacier m'enveloppe, raye de blanc puis avale tout le paysage, et je me réfugie à l'intérieur. Une décision stratégique s'impose. Nous sommes à mi-parcours et avons affronté, avec un succès sur lequel je n'aurai pas toujours parié, les difficultés les plus grandes. Mortadelle ouvre la porte de la péninsule Rallier du Baty. Fred, le seul à y avoir déjà marché, nous a mis l'eau à la bouche avec la description de paysages très différents, et une progression dans l'ensemble facile. Il nous a aussi inquiétés, racontant la déroute nocturne de son groupe, après que leur tente a été arrachée par la tempête au pied des Deux Frères. Leur retraite immédiate ne leur a pas permis d'atteindre l'extrême sud, l'anse du Gros Ventre.

Après une longue analyse de la carte, nous prenons l'option de ne pas repasser par Mortadelle au retour, le détour serait trop long. Demain, nous descendrons la plaine Ampère jusqu'à la mer, et laisserons un dépôt de vivres puisé dans les bidons de la cabane pour assurer nos repas jusqu'à la fin. Les sacs ainsi allégés nous donneront une autonomie de six jours pour aller à la plage de la Prise de Possession, où depuis 1772 un officier de Kerguelen nous attend, et en revenir. Au retour nous rechargerons notre dépôt et continuerons plein ouest. Pour l'instant, notre horizon se limite à Rallier du Baty.

Il faut donc reconfigurer entièrement les vivres : tout sortir, tout recompter, tout réajuster, tout répartir à nouveau entre nous, en distinguant ce qui est destiné au dépôt et ce qui continuera avec nous. Le hasard fait bien les choses, je trouve dans la cabane et réquisitionne aussitôt un sac marin en toile huilée, solide et imperméable, qui protégera les paquets les plus sensibles à l'humidité. Pour limiter le poids transporté, nous sacrifions encore un peu de confort, de quantité et de variété dans les vivres.

Autre découverte bienvenue : non pas un bonnet, il ne faut pas rêver, mais un sac ajustable, destiné au transport d'une gamelle. Noir, léger, confectionné dans une sorte de résille, à la bonne taille, il constitue un couvre-chef de fortune. Il me donne l'air soit d'une vieille marquise à la messe en tenue de deuil, soit d'un malfrat partant braquer une banque et n'ayant pas encore complètement abaissé son passe-montagne. Mes compagnons s'esclaffent, et plus encore lorsque je double ce filet de mon tour de cou, promu serre-tête.

Selon une coutume bien établie à Kerguelen, dans chaque cabane un cahier attend les rares visiteurs. Chacun y inscrit, au gré de sa fantaisie et de son inspiration, outre son nom et les dates de son séjour, des commentaires sur le trajet et le temps qu'il fait, la route qu'il suivra en repartant, des dessins paillards, des anecdotes, des sensations. Beaucoup maudissent la pluie et le froid. Un mystique note des prières. Un romancier développe un conte gothique complexe se déroulant dans ces paysages. Un vantard proclame ses futures performances amoureuses.

Avant de se plier aux usages locaux, il faut relire ce condensé des expériences de nos prédécesseurs ; prendre conscience des mois qui s'écoulent entre deux passages ; s'amuser de notations naïves ou virulentes, de protestations véhémentes contre un ronfleur ; s'émouvoir des plus inattendues. Je recherche ce que j'ai écrit douze ans plus tôt, le relis, étonné du ton sentencieux que je me croyais obligé de prendre, et je souris de certaines réponses irrévérencieuses...

Ensuite, non sans fierté, je commence à écrire : « Partis à pied du cap d'Estaing le 23 novembre... » J'imagine déjà la tête de ceux qui, parvenus ici après quatre ou cinq jours sur le plateau central, s'étonneront de notre aventure.

Mes devanciers comme moi croyons que nous sommes provisoirement kerguéléniens. Je ne suis pas certain que le terme existe, ni de ce qu'il veut dire. Ce barbarisme me parle à sa façon de la relation avec la France. Kerguelen, dernière tentative de créer une petite France au-delà des mers, minuscule revanche de la IVe République sur une histoire déjà close, ultime avatar de la vision de Jules Ferry...

Une colonie qui a réussi, avec l'ingratitude souriante des enfants, néglige son ancienne métropole. Marseille ne se soucie pas plus de Phocée que New York de York. L'outre-mer français n'a pas atteint ce stade. Chacune des composantes habitées de l'outre-mer français est à la fois un centre et une périphérie. Kerguelen, ni l'un ni l'autre. Mais alors quoi ? Un leurre, une caricature, un masque, une illusion, une légende ? Tout cela en même temps selon l'humeur ?

Comment parler de métropole, puisque tous ici sommes de passage ? Insulaires de Kerguelen nous ressentons notre identité comme provisoire. Nul ne songe sérieusement à s'y installer, à y faire souche. Le projet colonial n'a jamais pris corps, la graine jamais germée, le greffon jamais pris. Je ne parviens pas à définir ce qu'est cette île au regard de la France : une excroissance, un pseudopode, une projection, une chimère...

La présence sur cette île ne peut se prévaloir d'aucune légitimité. Chacun le ressent et le porte comme une fêlure. Les témoignages dans le carnet de cabane marquent cette impossibilité d'être d'ici. La certitude d'un départ prochain, source d'une discrète mélancolie, hantait chacun de nos prédécesseurs.

Après confessions et signatures, nous retournons piller la cabane annexe, dont les trésors semblent inépuisables. Fred réussit l'exploit de trouver un pot de pâte à tartiner, délice dont tous les marcheurs sont friands. Sur le couvercle, cette inscription manuscrite au feutre noir : « Prends soin de toi. » De qui ? Pour qui ? Quelle mère, quel frère, quelle amante est parvenu à glisser ce message dans l'avitaillement de la cabane Mortadelle ? Nous dévorons goulûment le contenu, un peu gênés d'avoir bien malgré nous reçu un message qui ne nous était pas destiné.

Le soir, à nouveau, nous mangeons tant et plus, sans limite à notre goinfrerie, des sardines, du pâté, de la choucroute et encore des poires au sirop. Je suis à nouveau surpris de me découvrir pareil appétit, car jamais sous la tente je n'ai eu faim.

Dehors, la neige tombe dru, le vent hurle. Les bougies éclairent le banquet, le radiateur ronfle continûment depuis le matin. La vieille cabane en tôle, solidement tenue par des haubans métalliques, tremble, gémit, craque, mais résiste, et je m'enfonce dans mon duvet et dans des rêves de chaleur, heureux comme il est difficile de l'être.

Dimanche 6 décembre – 14ᵉ jour

Pendant le petit déjeuner, Fred nous annonce une bien mauvaise nouvelle. La journée d'avant-hier, longue, froide et humide a réveillé la gelure d'un orteil dont il avait souffert lors de l'ascension du Cho Oyu en 2007. Alors même que les températures en bordure du Cook ont avoisiné le zéro sans descendre beaucoup plus bas, ces conditions exposées en ont réactivé les symptômes, dans une mystérieuse mémoire du corps. Ce ne sont pas de banales ampoules au pied qu'il soignait hier à grand renfort de crèmes, d'onguents et de cachets, mais bien une gelure sur une zone qui n'a pas oublié ce par quoi elle était passée.

Son expérience de médecin du secours en montagne lui permet de poser ce diagnostic, étonnant pour un profane tel que moi. Il se force à mettre ses chaussures et à effectuer un petit tour hors de la cabane : la douleur revient aussitôt. Sa prescription tombe : il lui faudrait, idéalement, une semaine de repos en un lieu chaud et sec.

Que faire ? Nous discutons longuement des diverses options. La première est de continuer sans lui, de le laisser seul à la cabane, où il ne court aucun risque, et de le récupérer au retour de Rallier du Baty. Je m'insurge par principe contre l'idée d'abandonner un membre du groupe. Des scènes de livres ou de films me reviennent en mémoire, où jamais on ne se sépare d'un camarade, même blessé, surtout blessé. Ma réaction est irréfléchie, spontanée, romantique. Mais la question qui m'est renvoyée – si tu étais à sa place, souhaiterais-tu que l'aventure s'arrête pour tous les autres ? – me plonge dans l'embarras. Ce qui me paraissait évident ne l'est plus. Fred le premier examine cette hypothèse et ses conséquences.

L'autre possibilité est d'attendre ensemble encore quelques jours, d'oublier Rallier du Baty, et de rentrer par petites étapes, quitte à les raccourcir encore pour qu'il les supporte. Dans tous les cas, il faudra bien traverser les rivières : comment le pied du convalescent réagira-t-il à ces bains forcés ?

Au terme d'un débat complet et serein, nous décidons de nous donner encore une journée avant de trancher. Demain matin, nous partirons pour Rallier du Baty, à quatre si possible, sinon à trois, laissant Fred se reposer à la cabane Mortadelle. Il nous faut six jours pour atteindre l'anse du Gros Ventre et revenir, et ce délai lui semble suffisant pour une guérison, ou en tout cas une amélioration significative.

Cette journée de repos supplémentaire et imprévue s'écoule doucement. Nous mangeons, bien sûr, prenons le café puis le thé, jouons brièvement aux cartes que nous avons trouvées sur une étagère, feuilletons sans y prêter attention des revues défraîchies, faisons la sieste, la vaisselle... Au-dehors, l'alternance de la neige, des bourrasques, de la pluie, du soleil continue son carrousel et je sors le moins possible.

Depuis le départ, je ne me suis débarbouillé le visage que deux ou trois fois, et jamais lavé, hormis aux sources chaudes de Val Travers que je n'ai pas voulu polluer avec du savon. Celui que j'ai emporté dans la poche supérieure du sac à dos s'est peu à peu dissous dans l'humidité à laquelle il a été confronté.

Je pourrais, bien sûr, retrouver les gestes d'une toilette à l'ancienne : faire chauffer de l'eau, emplir une bassine, profiter du confort relatif de la cabane pour de rapides ablutions. Cette idée m'effleure vaguement. Aucun de mes compagnons ne semble l'envisager. J'hésite.

Je n'éprouve aucun plaisir particulier à rester autant de jours dans la crasse, sans changer de linge – ou plutôt en faisant alterner mes deux paires de chaussettes et mes deux caleçons. La douche chaude qui m'attend à Port-aux-Français me paraît le comble du raffinement, un luxe sybaritique auquel, barbare, je m'abandonnerai avec bonheur, que dis-je, avec extase.

Ce qui me retient de me laver, même grossièrement, ce n'est certes pas la consommation d'énergie, même si je sais combien difficile, coûteux et complexe est le transport d'une bouteille de gaz jusqu'ici. Nous n'avons pas tant de scrupules, si proches du glacier, à laisser le radiateur allumé toute la journée. Non, ce qui me retient, c'est la certitude de devoir, ensuite, renfiler les mêmes vêtements sales. C'est tout l'un ou tout l'autre. Puisque je ne peux redevenir propre comme un sou neuf, je reste crasseux.

À force de journées de marche, nous devons dégager une odeur peu plaisante. Nous ne transpirons pas beaucoup dans le froid, mais quand même... La chaleur de la cabane nous en fait prendre conscience. Un observateur s'en offusquerait. Nous quatre, logés à la même enseigne, en prenons notre parti et passons sur ce détail. Sentir mauvais ? La belle affaire ! Si tel est le prix à payer pour accéder à ces hautes terres, je suis prêt à puer dix fois plus. Et après tout, l'odeur, c'est la vie. Les ambiances aseptisées m'évoquent au mieux l'aéroport, au pire l'hôpital, voire la morgue. Presque tous les soirs, j'ai réussi à me brosser les dents. Ce rituel minimal d'hygiène vaut acompte pour tout le reste. Ma reddition n'est pas complète. État de crasse ne signifie pas état de nature.

La seconde cabane contient pour moitié du matériel scientifique, pour l'autre moitié des vivres. La chaîne logistique qui permet ces approvisionnements part de métropole, passe par La Réunion, embarque sur le *Marion Dufresne*, et s'achève en hélicoptère lorsque le temps l'autorise, ce qui n'est jamais garanti, nous l'avons vérifié à nos dépens.

Chaque boîte de conserve, chaque bouteille, chaque paquet de gâteaux livré ici représente un coût sans commune mesure avec sa valeur marchande, un trésor inestimable. Leur présence est la condition, élémentaire mais indispensable, au travail des scientifiques qui viennent depuis quarante ans ausculter le recul du glacier Ampère et la colonisation par la flore des sols ainsi libérés.

Le dernier dépôt de vivres a eu lieu deux ans plus tôt et remplit une vingtaine de bidons. Inutile de regarder les dates de péremption. Les logisticiens connaissent leur métier, et ils ont choisi des aliments secs, énergétiques et qui peuvent attendre longtemps.

Curieux et avides à la fois, Bertrand et moi les ouvrons et inventorions leur contenu. Certains produits nous étonnent, pain en boîte, camembert en boîte, beurre en boîte. Les plats cuisinés et les fruits en conserve, bien plus savoureux que nos vivres de course, nous enchantent. Comme des petits voleurs pillant une épicerie, nous repartons les bras chargés de victuailles vers l'autre cabane, faisons bombance, et sélectionnons ce qu'il faut emporter pour nos repas des jours prochains.

Pas d'autre choix que de se servir, comme une troupe d'occupation. Certes, nous avons laissé à Val Travers deux fois plus de nourriture que nous n'en prélevons au total à Mortadelle. Mais cette balance entre débit et crédit est illusoire : le glaciologue de Mortadelle dont nous avons mangé les soupes ne fera jamais deux jours de marche pour aller se ravitailler à Val Travers.

Je me console de notre grivèlerie en me rappelant que ces vivres sont prépositionnés dans ce but-là, qu'ils ne sont pas affectés à des clients identifiés, et que nous sommes à peu près dans ce que les juristes qualifient d'état de nécessité. Nous n'avons rien d'autre à manger, nous nous servons.

Mortadelle ! Un sas, une vigie, la porte d'entrée vers les paysages inconnus de la péninsule Rallier du Baty. Ces plages, ces massifs où seules de brèves expéditions scientifiques s'aventurent très rarement... L'ouest de la péninsule, exposé à toutes les tempêtes, classé en zone de protection intégrale car exempt de toutes espèces introduites et presque de toute trace humaine, nous est interdit. L'est, protégé par des crêtes englacées qui dépassent les mille mètres d'altitude, nous suffira comme terrain de jeu.

Atteindre et dépasser Mortadelle, voilà ce qui m'a fait sortir du duvet chaque matin. Voilà pourquoi je consulte la carte chaque fois que j'en ai l'occasion. Voilà comment je mesure tout le chemin qui nous sépare encore de la plage du Gros Ventre.

D'ailleurs, demandé-je à Mika, un rien provocateur, nous faut-il vraiment un itinéraire préétabli ? Sa réponse me fit réfléchir. L'itinéraire scrupuleusement tracé sur la carte, en versions successives et progressivement affinées, n'était pas qu'une précaution, une manière d'abolir le hasard, une réponse aux contraintes logistiques ou administratives. Il traduit d'abord le pacte passé entre nous quatre. Avec légèreté ou avec gravité, nous l'avons accepté et il nous est opposable. Il légitime Mika dans son rôle de chef d'expédition et concrétise notre engagement. Il ne fige pas l'avenir, et les surprises qui en feront le sel, mais il consigne le passé et l'existence d'un projet partagé. Ce trait zigzaguant sur la carte, auquel nous obéissons à peu près, est notre devise, notre garantie et notre horizon. Il n'est que de le suivre : il nous amènera à la plage du Gros Ventre. Je lui fais confiance.

Lui seul donne du sens aux pieds toujours humides, aux épaules qui protestent sous le poids du sac, à l'estomac qui se plaint de la monotonie des repas, au dos meurtri par les nuits sur un trop mince matelas. Les jérémiades n'ont pas leur place dans cette aventure. Tel un directeur de conscience, ce tracé rouge sur la carte me le rappelle quand je le consulte. Il redonne du sens à chaque minute d'effort. Il m'aide et me fait tenir.

Mes trois compagnons me regardent écrire. Ils savent qu'ils sont les personnages de ce récit. Voir le carnet se remplir chaque soir et en être partie prenante constitue pour eux, comme pour moi d'ailleurs, une expérience inédite, un brin déroutante.

En fin d'après-midi, je leur en ai lu quelques paragraphes. Entendre mes mots résonner dans l'espace confiné de la cabane pour évoquer ce que nous avons vécu au-dehors, les jours précédents, dans ces vallées où la trace et l'écho de nos pas ont disparu à jamais, me trouble.

Jamais ils ne m'ont demandé à connaître mon texte en train de s'écrire, par délicatesse sans doute. Je m'y hasarde toutefois, je le leur impose peut-être. Ils savent que si nous partageons ce voyage, je suis seul responsable du récit que j'en fais. Ils respectent ma singularité : membre comme eux de l'aventure, et pourtant seul investi du pouvoir absolu de lui donner tout son sens.

Je ne sais s'ils s'y reconnaissent. Quoique progressant l'un derrière l'autre, nous n'avons pas fait le même voyage, partagé les mêmes émerveillements, eu le regard attiré par les mêmes détails. Une confrontation entre nous conclurait que l'un au moins ment. Tous sincères, nous ne traversons pas les mêmes paysages. Chaque voyage est une île, où le voyageur est seul.

VERS L'EXTRÊME SUD
ET LA CABANE DE LA MOUCHE

Lundi 7 décembre – 15ᵉ jour

Le moment est-il donc venu de nous séparer, de partir à trois en laissant Fred seul avec l'un des deux téléphones satellite ? De parcourir la péninsule Rallier du Baty sans lui, qui en 1999 déjà n'a pas pu atteindre son extrémité ? Malgré tous les raisonnements de la veille, je ne parviens pas à accepter cette idée.

Et voilà qu'après un petit déjeuner généreux, Fred nous surprend tous et se déclare d'attaque pour continuer. Il nous ôte un poids bien lourd. Avec une sérénité mêlée de soulagement, nous rangeons et nettoyons de notre mieux la cabane. Je retrouve une sensation oubliée : toutes mes affaires sont sèches, même l'intérieur des chaussures.

Le sac, avec onze jours de vivres, pèse. La descente dans la plaine se fait sous une pluie battante, qui progressivement reconquiert le territoire perdu de mes vêtements. Une série de rognons rocheux et de roches lisses nous amène à la première difficulté de la journée, la traversée de la Diosaz. J'avais trouvé par hasard la veille dans un cahier une photographie légendée indiquant le gué. Nous le franchissons en sandales, pantalon retroussé.

Au-delà s'ouvre la plaine Ampère, longue, large, monotone étendue de graviers alternant avec des bancs de sable durci. Nous avançons d'un bon pas, pour nous réchauffer et retrouver le rythme après deux jours de pause. Là encore la reprise se fait sans douleur.

La plaine, le ciel, les flaques, la plage et la mer au loin, les galets, la pluie, tout est gris et se confond ce matin dans une lumière crépusculaire, comme absente. J'avance dans ce sandur qui semble ne jamais vouloir s'arrêter, vers le fond de la baie de la Table qui se refuse, j'avance avec l'impression de faire du surplace. Fred, Mika et Bertrand se sont déployés et marchent de front. Le vent de côté nous bouscule, cesse, revient de face, repart. J'avance, j'avance dans ce paysage immobile et je m'ennuie, pour la première fois depuis le départ. Je m'ennuie dans cet espace sans enjeu. Je m'ennuie dans la plaine Ampère ? Tout d'un coup, à cette assertion saugrenue, j'éclate de rire.

Je pense incongrûment à mes camarades de promotion, aux nécessités d'une carrière bien conduite. Même dans la haute administration – comme on dit le haut clergé –, on s'ennuie beaucoup. J'ai connu ces après-midi dans des salles mal éclairées où, avant de pouvoir aborder le premier des onze points de l'ordre du jour, il faut donner la parole à ce doigt qui se lève : « Monsieur le président, je tiens à faire un amendement au projet de compte-rendu de la réunion précédente tel qu'il nous a été diffusé... »

Peut-on bâiller ouvertement ? Peut-on répondre à cet élu, à ce syndicaliste, à ce représentant d'une profession que rien de tout cela ne compte, que personne ne lit jamais les comptes-rendus, que la décision qu'il redoute est déjà prise depuis longtemps, quoi que lui et les siens puissent faire ou dire ?...

Avec le sentiment que chaque minute pèse d'un poids de plomb, je vérifie attentivement le nombre de mes doigts, je me gratte le nez, je feins de lire une note posée devant moi, je contracte alternativement les muscles de mes cuisses, j'examine avec intensité le médiocre tableau accroché au mur sous la IVᵉ République. Combien de temps encore à tirer, en conservant un visage impassible...

Alors, à cet ennui en cravate, je préfère la plaine Ampère, où du coup par contraste, ainsi occupé, je ne me suis pas ennuyé un instant.

Sur la droite, le paysage a changé, la vallée du Casque se profile, à son extrémité le lac Jaune se laisse deviner. Nous traversons son émissaire, une rivière tranquille, et déposons les vivres de nos cinq derniers jours dans un creux bien sec, à l'abri sous un gros rocher pointu. Ce trésor est protégé par Mika d'un amoncellement de pierres où le chat ou même le rat le plus vorace ne pourraient trouver un passage. Ce sarcophage minéral tiendra lieu de garde-manger.

Ainsi allégés, nous continuons jusqu'à la baie toute proche. Sous un épaulement rocheux s'étale une lagune, où jouent des éléphants de mer. D'autres dorment dans les mousses, par groupes de trois ou quatre. Des goélands nous survolent, des skuas patrouillent. Un manchot royal isolé, hésitant, se demande ce qu'il fait là. Ce sont les premiers animaux endémiques que nous voyons depuis les plages sous le Luberon – les rennes du val d'Alster ne comptant pas. Retrouver cette vie redonne du baume au cœur, et je mesure mieux, en les voyant s'ébattre, en les entendant éructer ou piailler, combien désert est le centre de l'île, la calotte glaciaire et sa périphérie.

À Kerguelen, toute la faune est venue par la mer ou par les airs. Aucun animal n'a eu besoin d'un billet d'entrée pour l'arche de Noé. Aucun ne comprend rien à cette histoire de Déluge. Aucun ne voit l'arc-en-ciel comme la promesse d'une alliance. Ce zoo indifférent me renvoie à ma condition d'étranger.

Ici, seule la mer est source de nourriture. Des chaînes alimentaires complexes se nouent jusqu'aux confins de l'Antarctique. Oiseaux et mammifères ne vont à terre que pour la reproduction ou la mue, et restent sur une étroite bande littorale. Leurs prédateurs les surveillent et ne les quittent pas des yeux. Plus la distance à la côte ou l'altitude augmentent, plus la faune se raréfie.

L'intérieur reste superbement inutile. Seuls les mammifères introduits transgressent malgré eux cette loi d'airain. Pour eux seuls, Kerguelen est une prison. L'illégitimité de leur présence leur colle à la peau – tout autant que pour nous.

L'entrée du fjord des Portes Noires se faufile entre deux massifs, les Sentinelles au nord et Château-Gaillard au sud. Le seuil étroit, sinueux, n'est profond que dans un chenal naturel indécelable. Bertrand, qui n'a pas la réputation d'un commandant timoré, n'a jamais osé y engager son navire. Il jubile de triompher autrement de l'obstacle, et de prendre comme marcheur sa revanche sur le site.

Le passage en bord de mer se révèle impossible. Nous montons dans les Sentinelles par une vallée orientée à l'est qui entaille son piémont, jusqu'à un belvédère. Vu d'en haut, le fjord étroit ressemble à une carte postale de Norvège : eaux noires impassibles, falaises verticales striées de cascades. On croirait un canal creusé par l'homme. Son parcours en lignes brisées ne permet pas de le voir en sa totalité : l'orée et le fond restent cachés.

Ce balcon se prolonge par un plateau bosselé, entre le fjord et un grand vallon qui descend au lac Jaune, fausse piste avenante. Le sol présente de belles figures géométriques, créées par le gel, le dégel, le ruissellement : les cailloux les plus gros, sombres, sont disposés en lignes continues, qui se croisent à intervalles réguliers ; les losanges ainsi définis sont emplis de graviers plus clairs, comme un pavement de pierres en un château médiéval. Certaines intersections sont recouvertes par un coussin d'azorelle, en guise de cabochon d'ébéniste.

La pluie et le vent se sont renforcés de concert, et nous déjeunons debout, collés à une petite falaise, à peine protégés par une avancée de rocher, dégoulinants et refroidis. À nouveau, je suis trempé, et je peste en moi-même. Parce que je suis mouillé ? Est-ce donc si important ?

Depuis la prime enfance, mon corps est habitué au sec. Hormis les plaisirs de la baignade ou de la douche, brèves parenthèses qu'une serviette efface, je ne supporte pas que l'eau reste sur ma peau. Des souvenirs de voix évanouies me grondent : « Tu vas attraper froid ! » L'humidité : un adversaire, dont il faut se protéger.

Cet impératif, dois-je le remettre en question ? En Inde paraît-il, à l'arrivée de la mousson, la foule dans les rues danse de désir, mais sous une pluie tiède. À Kerguelen, le combat que je mène depuis deux semaines pour rester sec est un échec presque constant, une déroute. La pluie et moi savons bien lequel des deux est l'intrus. Il faut savoir rendre les armes, cesser de lutter. Ne plus refuser l'évidence du climat. Apprendre à vivre humide. Devenir grenouille.

La descente se fait aisément vers le second angle aigu du

fjord, une grande plage silencieuse et vide. Il n'est plus que de longer l'estran. Deux belles chutes d'eau se dessinent sur la rive sud, encore hors d'atteinte. Et lorsque je me crois arrivé, c'est pour constater que deux pointes sablonneuses qui se font face, et que l'œil avait réunies en un cordon littoral, en fait ne se touchent pas, et masquent la dernière virgule du fjord, qui repart vers le nord et nous nargue. Soupirant de notre déconvenue, il nous faut en faire le tour, traverser la plage finale, franchir son inévitable rivière découpée en multiples bras, et revenir quasiment sur nos pas en rive sud.

Dans cette zone de transition, les montagnes tabulaires sont moins hautes, et souvent inclinées, comme si la surrection des arêtes de la côte est de Rallier du Baty les avaient fait un peu basculer vers l'avant. Les reliefs sont plus doux, évoquant le Beaufortain ou la Slovénie, même si l'absence d'arbres et d'herbes rend ce rapprochement absurde. Pour le marcheur en tout cas, c'est la promesse de montées moins rudes.

Avant d'arriver à la première des cascades, nous nous élevons dans un tapis d'acaena et plantons le camp au premier replat que nous rencontrons. La fatigue commence à se faire sentir. Fred a serré les dents toute la journée, il n'est pas de ceux qui se plaignent, mais ménageons-le.

Je ne sais pas où faire commencer la péninsule Rallier du Baty. À la plaine Ampère ? Au fjord des Portes Noires ? Un peu plus loin devant nous, aux Restanques ? Nous sommes en tout cas parvenus à sa porte. Tout au bout, l'anse du Gros Ventre, la plage de la Possession. Ce but, que je m'interdisais d'imaginer quand nous nous faisions bastonner dans la péninsule Loranchet, semble maintenant ne plus être hors de portée.

Sous la tente, pendant une demi-heure, Fred soigne son pied, à grand renfort d'onguents, de pansements et de cachets. Il se flatte d'être désormais le plus gros client de son dispensaire ambulant, et mi-figue mi-raisin se réjouit de vider jour après jour l'épais colis médical qui leste son sac à dos.

Au dîner, nous retrouvons le système défini à Val Travers. Si chacun tire de son sac une soupe et un plat chaud lyophilisé, Mika et Bertrand y ajoutent les fruits secs en entrée et le gâteau comme dessert, auxquels Fred et moi avons renoncé.

Une certaine gêne s'installe lorsqu'ils attaquent leur mélange de noisettes, canneberges et amandes. Avec politesse, ils nous en proposent, alors qu'ils savent pourquoi nous en sommes privés. Je n'ose pas refuser, ni trop en prendre. Je grignote une amande à la saveur ambiguë, et n'y reviens pas. Du coup, lorsqu'ils se partagent un cake aux fruits dans le cœur duquel je vois briller des cerises confites, je me plonge dans l'écriture et feins de ne pas les voir, ni les entendre.

Je n'ai pourtant pas faim, et suis surpris de ressentir des besoins moins importants que Bertrand, le plus proche de moi par l'âge et la corpulence. Mon trouble n'est donc pas physiologique, mais social.

Dans notre organisation initiale, les charges étaient réparties équitablement et la table ouverte. Nous pratiquions un communisme épuré. Nous avions aboli la propriété privée.

Désormais, chacun assume les choix qu'il a faits à Val Travers. Les stratégies diffèrent. La responsabilité individuelle prime. Nous avons réinventé le libéralisme, et sa conséquence, les classes sociales : les riches avec un gros sac et un gros repas, et les pauvres, privés de dessert, à qui parfois l'on fait l'aumône.

Je force le trait, bien sûr. Mais maintenant des débats inattendus se sont introduits avec une pincée d'ironie dans la tente : « Peux-tu me prêter du lait en poudre, je te le rembourserai demain. » Quoique rassasié, je me sens puni lorsque Bertrand et Mika savourent le gâteau qu'eux seuls ont porté. À ma grande surprise, je me découvre nostalgique du communisme.

Mardi 8 décembre – 16ᵉ jour

Exceptionnel! Incroyable! Une journée entière sans aucune goutte de pluie ou flocon de neige! Seul le cinquième jour, sans doute pour se faire pardonner le couloir Mangin, était jusqu'alors resté entièrement vierge de précipitations. Je soupirais, et, feignant de croire que toute cette eau se déversait en provenance d'un stock limité, aspirais à la complète vidange de ce tonneau des Danaïdes qui se déplaçait en restant au-dessus de nos têtes.

Ce matin donc, je m'équipe en conséquence : les lunettes de soleil vont retrouver leur fonction première, et non me protéger du vent. Stick à lèvres et crème protectrice sortent du tréfonds du sac où ils étaient confinés. J'enlève même ma polaire, et marcherai toute la journée avec, outre ma veste, deux couches de vêtements seulement. Cette naïveté se paiera comptant, et je me retrouve le soir bien enrhumé. Rappel d'une règle d'or : à Kerguelen, ne jamais baisser la garde.

La plaine où nous avons dressé le camp monte doucement jusqu'à un col bas, sous la Tête du Mage qui reste dans les nuages. Pour gagner du temps, nous laissons ce sommet sur notre droite, alors que l'itinéraire nous le faisait contourner, et gravissons une série de modestes dunes de sable, ou plutôt de fin gravier couleur rouille, faisant penser au mâchefer des voies ferrées. Elles recouvrent ici et là des formations différentes, et paraissent résulter d'une activité volcanique plus récente : le résidu d'un souffle, d'une exhalaison issue des profondeurs de la terre, ne laissant que ces grumeaux...

Mika, qui se souvient de ses études de géographie, nous fait remarquer l'omniprésence de petites pierres ponces : dispersées partout sur les roches et les mousses, elles reposent parfois sur des coussins d'azorelle, qui ont poussé par en dessous et les portent comme autant de gouttes d'eau. Et dans la paume de la main, ces cailloux gris clair semblent récuser la gravité inhérente à leur nature.

Mika connaît les secrets de la naissance des montagnes et des caprices des glaciers; Bertrand ceux de la danse des vents, des nuages et de la pluie; Fred ceux du corps humain et de ses misères. Chacun d'eux possède une expertise indispensable et la partage avec générosité.

Et moi ? Tous mes savoirs – histoire, pouvoirs publics, littérature, musique... –, auxquels je tiens, dont je me croyais fier, et qui sans doute me définissent, ici sont inutiles. Ils se réduisent à d'amusants et vains bibelots pour la conversation, mais n'apportent rien au groupe. Le succès de notre périple se joue pour un quart avec mes jambes, jamais avec ma tête. Simple fantassin, je marche grâce aux sciences de mes compagnons.

Aucune humilité, réelle ou feinte, dans ce constat. Il confirme que notre groupe est judicieusement composé, et que je ne suis pas un aventurier. Raison de plus pour vivre avec intensité chaque seconde d'une pareille expérience.

Je m'aventure aux confins du monde, et tout autant aux confins de moi.

Sur notre gauche apparaît l'ultime dentelure de la baie de Chimay, un fjord en miniature, cerné de collinettes, se faufilant entre les péninsules La Bourdonnais et d'Entrecasteaux. Tout au sud dans le lointain, le massif des Deux Frères, bien reconnaissable avec ces sommets jumeaux d'un même gris délavé, et la pyramide du mont Charles Vélain.

Descente dans la vallée des Contacts, et traversée à gué de sa rivière, en plusieurs bras. Une plaine de graviers s'ouvre devant nous, et nous accélérons. Le vent se lève, descendant des montagnes à l'ouest, et nous incite à ne pas traîner. La vallée se termine à la baie de la Mouche, et je crois voir, au bord de l'eau, la cabane annoncée. Nous ne dévions pas dans sa direction et restons au plus près des reliefs sans dévier de notre cap plein sud.

La longue plaine s'achève aux Restanques, collines assez faciles à passer, sauf un lac mis comme un fait exprès en travers de notre redescente. Il oblige à un détour par une arête dont la sortie ne paraît pas évidente, et dans laquelle le vent de plus en plus fort nous pousse résolument. Dès que nous trouvons une falaise pour nous en protéger, nous déjeunons tranquillement.

Vient ensuite la vallée de la Mouche, et son identique plaine de graviers identiquement longue, elle aussi marquée par une rivière prenant appui sur le relief nord et une autre sur le relief sud. Nous les passons à gué, devenus experts en franchissements audacieux et sans ralentir. Au dernier bras du dernier brin, je vise mal, retombe lourdement et suis le seul à remplir mes chaussures, dont l'intérieur depuis Mortadelle prenait goût à l'absence d'humidité.

Le vendeur qui en septembre m'avait conseillé cette robuste paire en cuir m'avait prévenu : leur solidité résiste à tout, sauf à l'alternance du sec et du mouillé. À cet égard, je leur ai offert depuis le début une si constante imprégnation qu'elles m'autoriseront bien ce bref écart de deux jours, avant d'être à nouveau trempées. Bien entendu, je n'ai pas emporté la graisse qui permettrait de les bichonner. Elles ont encore deux semaines à m'accompagner, et je compte sur elles.

À la sortie de la seconde plaine, Fred souligne combien le paysage a changé. Autour de nous, des blocs granitiques ivoire brillent au soleil ; les montagnes ne sont plus brunes et tabulaires, mais grises ou blanches, pointues, retrouvant des formes habituelles dans les Alpes : aiguilles, pics, pyramides, sommets enneigés, larges combes… Dans une échappée vers l'ouest apparaît le sommet du mont Ross, deux crocs, deux canines blanches ourlées de noir en fond de décor. À main droite, un parfait sosie du mont Aiguille tel qu'on le découvre depuis le Trièves. En s'approchant, l'effet de perspective disparaît, ce n'est plus une montagne dans le lointain, mais une butte parmi d'autres. Et d'ailleurs sous un angle modifié elle ne ressemble plus à rien et se confond avec ses voisines.

Nous remontons une gorge entre le pic Chastain et le mont Vélain. Je bois à la cascade, franchis un seuil, et là, stupeur : dans un vallon plat, envahi de mousses jaunes de part et d'autre d'un ruisselet, les blocs erratiques abandonnés par quelque glacier enfui sont tout de granit pailleté d'or. Sur ce fond précieux de salle de musée sont posées, alignées régulièrement, des bombes volcaniques d'un noir absolu. Elles ont la taille et souvent la forme d'une petite chapelle, ou pour la plupart d'un simple oratoire.

Ce spectacle aurait dû me faire penser à la guerre en Bosnie, à ces villages où chacune des maisons avait été mortellement blessée par l'explosion d'une bouteille de gaz et béait, ouvertures à nu, murs brûlés où se devinait encore la peinture à la chaux, inhabitable, désolée, punie d'avoir été croate parmi les Serbes ou l'inverse, ou du mauvais côté d'une ligne de front temporaire. Juste après la fin des combats, observateur parmi des dizaines d'autres observateurs européens, le visage collé à la vitre du bus, j'avais contemplé le malheur continu le long des routes, parmi les champs désertés, dans le silence et la honte.

Mais non, rien de funèbre dans ces blocs d'un noir d'obsidienne, lisses, parfaits, comme découpés par le burin d'un sculpteur. J'y repère des formes pures, des cubes, des demi-sphères, des porches, des frontons, des alignements – comme une succession de lieux de culte dans un désert, où des villageois processionnent en pèlerinage lors de fêtes carillonnées. Sans doute la répétition de ces petits monuments, la distance qui les sépare et la variété de leurs formes répondent à des exigences précises. Incertain d'avoir le droit de les approcher de trop près, je reste au centre du vallon, suivant exactement le filet d'eau, en marque de respect pour ces lieux peut-être saints.

À nouveau mes comparaisons reviennent sur des thèmes religieux. Je ne sais pas pourquoi les paysages de Kerguelen me parlent ainsi. Rien pourtant n'y renvoie à un dogme ou une foi vivante. La religion peut-elle se réduire à l'architecture ? Je suppose que ces métaphores sont des miroirs, et que je ne vois, dans ces paysages sans mémoire, que ce que j'y apporte au fond de moi. La force de ces lieux arase tout ce qui n'est pas essentiel pour laisser entendre l'écho d'une parole qui semble venue du ciel. De quoi suis-je à l'affût, à l'insu de moi-même ? Ou, peut-être, Qui est à l'affût de moi, dans ce paysage calciné ?

En équilibre sur la crête qui borde à l'est le vallon, une masse noire arrondie domine, telle une tourelle de sous-marin posée de guingois sur une coque plus claire. Ses coulures et cannelures bavent autour d'une cheminée centrale qui monte légèrement en biais. J'y devine la source de ces projections, la chaudière sous pression d'où sont parties les bombes réparties à ses pieds. Par sa position contre le ciel devenu bleu, elle a l'élan d'une chapelle provençale dominant les garrigues et surveillant les lointains.

Nous avons du mal à nous arracher à cet endroit, qui se clôt par une haute marche en travers. Là s'élèvent les oratoires les plus considérables, entre lesquels, muets, nous nous glissons. Je ne résiste pas, je touche le plus proche de moi, je veux sentir sous mes doigts le grain de ce petit mur noir, au risque d'être transformé en statue de sel. Une légère sensation de chaleur me répond et me laisse pantois.

Il n'est pas tard, nous décidons de continuer encore, de ne pas nous arrêter au pied des Deux Frères, au débouché du vallon. Fred nous raconte comment, en 1999, avec trois camarades, il y avait vu sa tente arrachée par la tempête et avait dû fuir, battre en retraite dans les bourrasques au milieu de la nuit. Son récit incite à poursuivre vers un site mieux protégé. Nous laissons ces Frères inhospitaliers à notre gauche et nous engageons dans le haut de la vallée de Larmor, encore une plaine, non plus de graviers mais de galets de plus en plus gros et pénibles pour la marche.

Nous devrions, à en croire la carte, longer le front du glacier Arago. Celui-ci a reculé sensiblement, et, selon les photographies faites par satellite, un lac s'est formé à l'emplacement de sa langue terminale, adossé à une impressionnante moraine frontale haute comme un immeuble de dix étages. Le lac Arago reste invisible derrière cet ouvrage d'art. Une rivière puissante en descend. Sa traversée nous occupe un moment, et nous y mouillons les pantalons retroussés au-dessus des genoux, les jambes flageolantes dans l'eau glacée animée d'un courant redoutable.

C'est le moment que choisit l'un de mes bâtons de marche pour me trahir. Il est constitué de trois parties pour pouvoir être transporté aisément et a tenu vaillamment dans les épreuves, supportant torsions et pressions, tout mon poids et celui du sac, dans les souilles, les éboulis, les traversées à gué et les pentes les plus rudes. Et voilà que la jointure entre le tiers supérieur et le milieu fait défaut. Le filetage a rendu l'âme, rien ne tient, et dès lors qu'il rencontre la moindre opposition, la partie inférieure reste coincée, me laissant ridicule avec à la main un bâton pygmée. J'ai beau revisser et revisser encore, impossible de lui redonner sa cohésion initiale. Et s'il faut choisir plus attentivement le lieu du planter du bâton que celui du poser du pied, autant dire qu'il me gêne plus qu'il ne m'aide. Le serf doit assister son seigneur, non l'inverse. Je sens à son égard monter une totale ingratitude, et suis à deux doigts de le jeter derrière un rocher.

Une petite grimpée permet de passer, sous cette moraine imposante, dans le haut de la vallée des Sables. De ce seuil, nous découvrons toutes les montagnes qui forment le centre de la péninsule Rallier du Baty et que les nuages, jusqu'alors, nous avaient dissimulées. Un continuum de pics, d'arêtes enneigées, de sommets glorieux se dévoile. Une aiguille blanche, invraisemblablement pointue comme sur un dessin d'enfant, naît d'un haut col. Je distingue au moins deux monts Blanc, un Cervin, des dômes, des sommets vierges, des falaises abruptes, des glaciers suspendus, des perspectives inattendues, des traversées exposées, des précipices... Une profusion de défis pour les alpinistes, à faire pâlir Chamonix, Zermatt, ou les Rocheuses canadiennes. Ici rien n'a jamais été gravi. Ces hauteurs ne dépassent guère mille mètres d'altitude, mais nous sommes quasiment au niveau de la mer. Cet Himalaya en réduction nous laisse un instant sans voix.

Encore une plaine de graviers, je ne les compte plus. Celle-ci ne permet à aucun ruisseau de la parcourir : tout ce qui descend des hauteurs avoisinantes s'y enfouit, y compris un autre déversoir du lac Arago qui s'épanche donc dans les deux vallées, Larmor vers l'est et dont nous sortons, Sables vers le sud où nous avançons. Le paysage devient franchement désertique : le Sahara sous nos pieds, Monument Valley pour ces formations ruiniformes d'une belle couleur ocre, et le Wadi Rum pour ces montagnes qui au soleil déclinant prennent une teinte rouge et ferment le paysage... Un concentré, un résumé, un collage de déserts pour nous seuls.

Et tout au bout, la mer ! On devine, non, on voit l'anse du Gros Ventre, les eaux bleues où nous serons demain, et, plus loin au sud, une zone de brouillards, formant un mur menaçant. Bertrand nous explique que comme sur les bancs de Terre-Neuve, la rencontre d'un air encore relativement chaud et d'eaux très froides produit un tel phénomène, redouté des navigateurs. La convergence antarctique, la frontière entre l'océan Austral et les mers polaires s'y voit à l'œil nu. L'haleine des glaces est devant nous.

Mika nous convainc d'aller camper au pied du mont

du Portillon : nous pourrons y laisser la tente pour deux nuits, et demain faire l'aller-retour jusqu'à l'anse du Gros Ventre sans les sacs. Plusieurs bombements successifs nous séparent de notre but, dont l'un présente un front sablonneux d'une bonne vingtaine de mètres que nous dévalons comme un névé.

Dans les parties plates, le sol parfois se dérobe brutalement sous le pied, bloquant le mouvement au niveau du genou, au risque d'une entorse : ce sont des terriers de pétrels, ces oiseaux qui, faute d'arbres où édifier leur nid, creusent des tunnels comme des taupes, dans un matériau pourtant bien compact. L'abondance de ces trous témoigne de l'absence de chats ou de rats, mais menace trop souvent mon équilibre.

Au nord du mont du Portillon, aucun terrain ne paraît propice, aucun point d'eau, aucun abri contre le vent d'ouest. Nous longeons donc son travers avec résignation, passons dans son ombre, croyons voir des sites possibles et déchantons chaque fois. Je suis exténué, à bout de forces.

Enfin nous nous écroulons à la sortie d'un éboulis, mais Mika redoute qu'en cas de pluie la tente ne soit inondée, voire emportée par le flux. Nous voyons bien que nous sommes en fait dans le lit à sec d'un torrent temporaire, mais nous ne raisonnons plus. Il va voir tout seul un peu plus loin, disparaît, revient. Il a trouvé mieux et nous exhorte à le suivre. Dix minutes plus loin, un terrain plat, protégé des vents d'ouest par la montagne et de ceux du sud par un énorme rocher, fera l'affaire. Au pied de la falaise une mince cascade glouglloute avant de disparaître dans les blocs.

Le soir, sous la tente, il nous annonce un record, la plus longue étape depuis le début : vingt-quatre kilomètres !

Nous sommes enfin au cœur de Rallier du Baty, et demain la plage du Gros Ventre, à laquelle je m'interdisais de rêver pendant les premiers jours dans la péninsule Loranchet, est à notre portée.

Mercredi 9 décembre-17ᵉ jour

Réveillés par le soleil et la chaleur qui envahissent la tente, nous sortons comme des marmottes, puis retournons dormir comme des loirs. Ce beau temps semble installé pour la journée. Nous paressons pour le petit déjeuner, pour la première fois en plein air, bien assis sur des pierres, et, ô jouissance, ô miracle, torses nus.

Le vent s'est tu. Nous entendons enfin le silence de cette île, le silence de la vallée des Sables à peine perturbé par quelques appels de skuas.

L'extrême sud nous attend. Nous partons légers et rapides, sans les sacs, avec seulement le repas du midi et de l'eau, en longeant le mont du Portillon jusqu'à l'ouverture vers la vallée close qui lui vaut ce nom. Au-delà, l'arête Jérémine, barrière noire, acérée, tout en pics et en redans, naît de la mer et s'adosse à la chaîne centrale. Cette frontière entre l'est et l'ouest de Rallier du Baty constitue une limite écologique, une barrière absolue pour les espèces introduites. L'homme ne la franchit quasiment jamais, et l'ouest de la péninsule, classé en réserve intégrale, conserve à l'abri des nuages ses secrets. J'ai rêvé sur la carte aux fumerolles et au mont des Fumerolles, à l'anse de l'Ours, à la Grande Coulée, à la plage du Feu de Joie, aux glaciers qui descendent des sommets. Lors de précédents voyages, j'ai aperçu depuis la passerelle du *Marion Dufresne*, restant à distance respectueuse, des pics encapuchonnés de tempêtes, des pointes déchiquetées, des falaises tombant sur des écueils, une succession de menaces et de dangers... L'ouest de Rallier du Baty ne se livre pas. Nous ne verrons pas tout, on ne voit jamais tout, et il faut l'accepter.

Passé le Portillon commence la coulée de Vulcain, assez peu spectaculaire malgré son nom, une épaisse langue volcanique en pente douce qui recouvre la moitié ouest de la vallée des Sables. Nous la coupons sans trop remonter, après avoir traversé en sandales la rivière qui tourne à son pied. Mika relève combien ce paysage de laves, dépourvu de végétation autre que des mousses, rappelle l'Islande qu'il arpente chaque été. La coulée vient buter sur un petit relief par une dune brun-beige, que nous dévalons.

Enfin nous arrivons en vue de la plage de la Possession, un demi-cercle au fond de l'anse du Gros Ventre. Aucune houle, à peine des vagues, le plan d'eau inspire confiance. Les nuages sont revenus, dans un ciel pommelé idéal. Mes compagnons ont la délicatesse de me laisser passer en premier, je traverse une zone souilleuse, et aborde la plaine de galets qui me sépare de la plage. J'avance seul, serein, envahi par une émotion calme. Il ne s'agit pas de crier, de pleurer, de se mettre à genoux, d'embrasser le sol; mais juste d'être pleinement là, dans le vent qui revient, dans cette lumière océanique qui m'émerveille toujours; de savourer chaque pas qui m'amène à l'extrémité de l'île, plus heureux encore que les autres jours, doucement grisé par le sentiment impalpable et modeste d'une réussite. Seul, pleinement seul, quoique partageant ce rêve avec mes trois compagnons, seul comme à chaque moment essentiel d'une vie.

Sternes, skuas, pétrels géants, canards d'Eaton viennent me saluer, me reconnaître, et repartent. Sur la longue plage grise, je distingue les silhouettes familières de manchots royaux qui déambulent, d'éléphants de mer qui jouent ou se prélassent.

Et puis, alors que je me croyais arrivé, une large rivière parallèle à la mer me barre le passage. Elle coule ensuite vers la bordure ouest, les tout premiers contreforts de l'arête Jérémine, où elle semble s'arrêter, formant un petit lac où s'ébattent manchots et bonbons.

Fred et moi suivons son cours, parmi une pelouse creusée de centaines de baignoires d'éléphants de mer. Nous cheminons entre elles, sur les minces talus qui les séparent, et parfois réveillons leurs occupants qui éructent, grognent, montrent les dents sans avoir vraiment l'air méchant et se rendorment. Je n'avais jamais vu pareille concentration de tels trous d'eau, annonçant une population importante. Arrivés à la première butte herbeuse, occupée par une colonie de manchots papous que nous essayons de ne pas déranger, nous constatons que la rivière repart dans l'autre sens pour se jeter à la mer en coupant la plage en deux.

Je m'assieds par terre un moment. Je ne bouge plus. Après toutes ces journées dans les montagnes désertes, je savoure cette éruption de vie, cette faune qui ne connaît pas l'homme et ne le craint pas. Adultes, juvéniles, tous sont occupés par leur projet, la continuation du cycle, et m'oublient. Des papous retournent à la colonie, affairés. De jeunes manchots royaux errent çà et là, tels des adolescents un peu rebelles mais un peu perdus. Des poussins se dandinent en marchant sur la carcasse d'un parent. Un éléphant de mer dort dans la rivière. Un pétrel géant tourne au-dessus et cherche une proie. Ils ne sont dans aucun temps. Moi seul connais les horloges et les calendriers. Ils sont l'éternité, et je la contemple par effraction.

Je regarde vers l'intérieur, et savoure un autre privilège : je vois exactement le même paysage que le premier homme, l'enseigne Boisguehenneuc débarquant le 13 février 1772 lors du premier voyage de Kerguelen. Sa chaloupe s'appelait la *Mouche* – d'où la baie de la Mouche –, et son navire le *Gros Ventre*, qui a laissé son nom à l'anse. Selon les usages de son siècle et les instructions du roi et du chef d'expédition, il a enterré en quelque point remarquable, dans une bouteille scellée au plomb, un parchemin proclamant la prise de possession et trois louis d'or. La bouteille et le parchemin sont redevenus sable, le plomb et l'or attendent, mais nous ne disposons ni de pelle, ni de pioche, ni d'autorisation de fouille. D'ailleurs je n'ai, sauf dans les romans, aucun goût pour la chasse au trésor.

Puis-je au moins tenter de deviner le lieu le plus probable d'un tel dépôt ? Pas sur ce cordon littoral de sable gris, que chaque tempête bouleverse ; pas dans cette plaine souilleuse et creusée de tant de baignoires. La bouteille n'a pas été ensevelie au fond d'une cachette introuvable, mais protégée et signalée par un amas de cailloux. Le premier homme a dû rechercher un site un peu en hauteur, protégé des vagues les plus furieuses, suffisamment évident pour que le navigateur suivant la retrouve et ne discute pas la prise de possession.

À l'autre extrémité de l'anse du Gros Ventre, d'impressionnants rouleaux déferlent, rendant tout débarquement dangereux. Ce côté-ci, où le relief d'un coup se redresse, est le seul endroit possible. Fred a entrepris de gravir la butte herbeuse un peu raide qui conduit à la plage. Bien au-dessus de la colonie de manchots papous, à une cinquantaine de mètres en surplomb du coude de la rivière, il traverse une terrasse naturelle rectangulaire, bordée d'un petit escarpement, dos à l'océan. Je devine, je comprends, je sais alors que c'est exactement là, sous ses chaussures, que dorment les pièces d'or. Je garde le silence.

Non, décidément, pas d'autre trésor ici que ce spectacle immuable : les animaux sur la plage, la plaine de graviers, et les montagnes enneigées au fond. Les glaciers devaient alors descendre plus bas. À ce détail près, rien n'a changé, je vois exactement ce qu'il a vu. Où dans le monde puis-je avoir cette sensation de regarder par-dessus l'épaule d'un officier de Louis XV et de voir avec ses yeux ? Nulle richesse, aucun habitant, rien que d'effrayant, d'inutile, de sauvage, dans cet aperçu de quelques minutes. L'espoir de fonder une colonie agricole, d'exploiter des forêts ou des mines, de commercer avec les indigènes après les avoir convertis s'écroule.

Néanmoins, depuis ce jour de 1772, cette terre est française. Avant Mulhouse, Avignon, Nouméa, Chambéry ou Nice... D'un certain point de vue, que je fais mien aussitôt, la France commence ici et se termine à Dunkerque, et inversement. Je retiens ici la leçon de Dunkerque. Il faut penser la France comme une discontinuité. Ceux qui n'en sont pas capables et se limitent à un hexagone ne connaissent pas leur pays.

Bien sûr, rien dans ce paysage ne ressemble aux Flandres. Ce sud des mers du Sud n'est pas l'envers de la mer du Nord. L'histoire se révèle plus poétique que la géographie, et les volontés humaines plus fortes que la nature. Ce n'est pas un lien que je vois, mais un lien que je fais. Il est artificiel, et je savoure cet artifice. Lui aussi me rattache à un officier de Louis XV, il me parle d'oubli et de fidélité, il murmure quelque chose sur les vitesses du temps qui passe.

Pendant que je médite, Fred est arrivé sur la plage même. Je le rejoins sur la langue de sable appuyée à un rognon de granit, cernée par la mer et le coude de la rivière. Quantité de jeunes éléphants de mer y dorment, collés les uns contre les autres par paquets de cinq ou six. Là encore, je n'ai jamais vu pareille profusion.

Je crois me souvenir de l'énoncé d'une loi scientifique. Plus on va vers l'équateur, plus les espèces sont variées et leurs effectifs faibles ; plus on va vers les pôles, moins on a d'espèces, mais avec de très grandes populations. Aucune évidence ne justifie pareille logique, les lois de la nature sont plus arbitraires que celles des hommes, et la proposition pourrait parfaitement être inversée, mais enfin c'est ainsi. En effet, ce sont toujours les mêmes animaux que nous voyons, et souvent en abondance. Et comme à mes yeux inexperts au sein d'une même espèce ils se ressemblent tous, une illusion d'optique se produit, avec l'apparence d'une gémellité despotique, d'une multiplication à l'infini : non pas dix manchots ou cent éléphants de mer, mais dix ou cent fois le même individu essentiel.

Un gros mâle courtise une de ses femelles avec violence : il la bloque, la mord, la tient prisonnière malgré ses efforts pour se dégager. Quatre à cinq fois plus lourd qu'elle, il l'écrase de tout son poids, de toute sa graisse, la maintient fermement, la féconde, et s'en désintéresse. Un quart d'heure plus tard, il recommence avec une autre.

Je vais au bout de la langue de sable. De l'autre côté de la rivière, la plage continue sur environ deux kilomètres, partout encombrée d'éléphants de mer. Une vague vient mouiller mes chaussures. Je me tiens au point le plus au sud de Kerguelen. Si je fais un pas de plus, je vais basculer, non dans cette eau froide et calme, mais dans le vide sans fin de l'au-delà des cartes et de l'au-delà des rêves. Il n'y a plus rien entre moi et l'Antarctique. Je suis arrivé au bout. L'océan avec douceur me ferme le passage. À partir de cet instant, il nous faudra marcher vers le nord. J'ai réuni les deux extrémités de Kerguelen. J'ai commémoré les deux voyages, le second au nord et le premier ici. D'une certaine manière, je suis arrivé. Je ne sais pas très bien où, mais je suis arrivé. Je n'irai pas plus loin.

Une vingtaine de manchots royaux sortent des vagues et se dandinent en procession, comme pour me signifier que ce qui m'est interdit relève d'un autre royaume, où ils ont leurs entrées. Ce point n'est une fin du monde que pour moi. Une limite est tracée sur le sable, et j'en vois les gardes-frontières. Je ne suis pas invité plus avant. Ce décret me convient, et je le respecte.

Bertrand et Mika, qui photographient à tout va, nous rejoignent. Les succès sont toujours collectifs. Nous sommes réunis, solidaires comme nous l'étions au premier jour, au cap d'Estaing, à l'extrême nord. Nous sourions. Parler, crier, chanter, beugler notre joie ne nous vient pas à l'esprit. Le silence sied. Ni de nous prendre dans les bras en une effusion démonstrative, une accolade collective. La discrétion s'impose, la mesure. Peut-être même une certaine exigence d'élégance. Je ne les accable pas de mes remerciements. Inutile d'en rajouter. Et pour partager néanmoins un geste de connivence, nous tapons notre poing droit fermé contre le poing de chacun des trois autres.

Sur un amoncellement de roches granitiques, une otarie mâle veille, et surveille jalousement ses femelles et ses petits allongés non loin. Nous passons prudemment, et, contournant de gros bonbons subadultes plus lourds que nous, atteignons une petite plage en demi-cercle. De jeunes otaries jouent dans les vagues. Le sable, étonnamment blanc, est occupé par des éléphants de mer, et un peu plus haut sous les rochers une autre colonie de manchots papous. Nous nous installons pour déjeuner en leur compagnie, mais quelques bourrasques ajoutent un peu trop de sable au repas. Nous leur cédons la place, franchissons un col minuscule et débouchons sur une calanque longue et étroite, aux eaux bleues, orientée au sud-ouest, à l'abri du vent. Des terriers de pétrels plongeurs sont creusés de tous côtés. En contrebas, juste deux éléphants somnolents qui barrissent de temps à autre. Il fait presque chaud, et nous partageons pour fêter notre réussite un saucisson fumé de Magland. Jamais sans doute une telle charcuterie n'avait été dégustée aussi sud !

Pour revenir à la tente, Mika a choisi une variante par la vallée des Sables. À mi-parcours, nous découvrons la cabane du Portillon, qui n'est donc pas sous le mont du Portillon. Nous n'étions sûrs ni de son implantation ni même de son existence. N'en subsiste plus qu'une caisse de bois peinte en rouge, emplie à ras bords de bidons, d'outils, d'affaires de bivouac dont deux tentes neuves. À côté, la cabane dont elle était l'annexe a explosé sous la force du vent. Ne restent qu'une porte à terre, solidement haubanée à un pieu métallique, et quelques éléments de cloison désarticulés. Tout le reste gît dans le lit du vent, sur plusieurs centaines de mètres : morceaux de bois, vestiges de fenêtres, panneaux de contreplaqué, banc pulvérisé.

Nous repérons un fossé de drainage, un muret de pierres. Le site a dû être plaisant il y a une vingtaine d'années, au temps de sa splendeur. Nous nous asseyons un moment devant ces ruines neuves, comme un symbole de la vanité des constructions humaines.

Pour remonter la vallée des Sables, il faut franchir des rivières erratiques que nous passons à gué sans encombre, au prix de quelques détours et parfois de sauts en longueur. Le vent se lève, de face, nous ralentit ou plutôt nous assomme de ses rafales. Parfois il parvient à lever des tempêtes de sable miniatures, qui tournoient devant nous comme un avertissement. Je me retourne et jette un ultime coup d'œil à la plage de la Possession. Un rai de lumière en biais lui donne une teinte blanche, une allure d'affiche de cinéma, contrastant avec un plan d'eau bleu outremer d'une sérénité absolue.

À l'est, le mont du Commandant se compose d'une série de sommets de la même altitude. Leur base est granitique et grise, et leur moitié supérieure est noire, volcanique. La transition de l'un à l'autre est nette, dessinant une ligne à peu près horizontale. On dirait un gâteau au chocolat au lait, partiellement recouvert d'un glaçage au chocolat noir. Par quel miracle géologique le volcan n'a-t-il ainsi épousé que la partie haute ? Ou par quel autre miracle ses dépôts n'ont été érodés que sur la partie basse ? Je me souviens à peine de ce que des scientifiques m'ont expliqué sur la formation de l'île. Je regrette de ne pas savoir comprendre les paysages et les interpréter.

Kerguelen est une île océanique, et a certains traits d'un continent minuscule. À l'échelle de la planète, un accident négligeable, au mieux une curiosité. Kerguelen est un avorton, une tentative inaboutie. Un continent qui n'a pas réussi.

De retour à la tente, je savoure un thé et un gâteau, plaisirs raffinés. Ces dix-huit kilomètres, sans sac à dos et en terrain plat, équivalent presque à une journée de repos.

Une idée chassant l'autre, je repense au précepte que

Mika nous a répété à Val Travers comme à Mortadelle : pour avancer, il faut avoir conscience de son objectif. Quel est mon objectif, maintenant que nous avons réussi la traversée nord-sud ? Que nous rentrions tous les quatre en bonne santé, certes. Mais encore ? Aller saluer le mont Ross ? Cette réponse ne me satisfait pas entièrement, sans que je comprenne pourquoi.

Il me faut l'admettre : jamais plus je ne foulerai les sables de la plage de la Possession, jamais plus je n'en dérangerai les habitants. Cette extrémité que je poursuis depuis dix-sept jours, à laquelle je rêve depuis dix ans, est désormais derrière nous.

Aucun autre point de l'archipel ne peut me faire autant battre le cœur. L'émotion que j'y ai éprouvée ce matin restera sans pareille. Ce soir, mélancolique, j'en prends congé.

Au milieu de la nuit, je sors pour satisfaire un besoin naturel. Horizon dégagé, sans nuages. Le ciel croule sous une profusion d'étoiles, où je ne sais repérer que la Croix du Sud. Hélas, point d'aurore australe. Douze ans plus tôt, j'avais eu la chance de contempler une fois cette lente danse de draperies bleues, vertes, indigo, violines, qui pendant une demi-heure avait enluminé le paysage, au-dessus de deux collines fermant une baie.

Ce soir, la haute atmosphère ne donne pas son spectacle le plus grandiose. À Kerguelen, il se joue en l'absence de tout spectateur. Le régisseur général est d'une extrême avarice. Il ne suffit pas de lever le nez pour que la nature vous récompense. Le hasard n'est pas un bouton sur lequel on appuie.

Dans ce désert fastueux, mon regard doit encore apprendre à rester humble.

Jeudi 10 décembre-18ᵉ jour

Ce matin, le froid est revenu, n'autorisant une sortie de la tente qu'au dernier moment. Nous partons plein ouest, pour ne pas revenir par la même route qu'à l'aller, et traversons la vallée des Sables. Il faut franchir quelques rivières, en devinant les passages guéables. Les mêmes rivières qu'hier, un peu en amont ? Les mêmes bancs de graviers, les mêmes îlots providentiels qui coupent le flux, les mêmes sauts de caillou en caillou, le même skua opportuniste qui nous surveille au cas où... Et je me dis que cette journée est identique à celle de la veille, et qu'elle pourrait ainsi se dupliquer à l'infini : nomadiser sans fin, passer de temps à autre dans des cabanes pour y voler de la nourriture, marcher sans cesse du matin au soir, sans but, sans trêve, sans répit, éternellement.

Hier soir, Mika a réparé mon bâton de marche. Je lui avais proposé une thérapie de choc : faute de poste de soudure, un coup bien ajusté avec un bloc pour déformer et immobiliser la jointure. Mais le risque de le briser net en deux nous a fait reculer. Plus classiquement, il a solidarisé les deux parties avec le seul ruban adhésif dont nous disposons, celui de la trousse d'urgence. Fred nous a garanti qu'il lui en restera assez pour la fin du voyage et que nous pouvons en prélever ce qu'il faut. Mon bâton arbore désormais un gros pansement blanc, qui fait la preuve de son efficacité dans les éboulis comme dans les cours d'eau.

Après une assez longue zone souilleuse, nous quittons la vallée des Sables par un col aimable. Dernier regard sur la plage de la Possession, tout au fond du paysage, et sur tous les sommets de la chaîne centrale de Rallier du Baty, impressionnants sous ces nuages bas de mauvais temps, laiteux, pesants.

Mika n'a plus besoin de la carte pour les désigner tous à haute voix, du nord au sud, avec un rien de solennité : le dôme Carva, le Bicorne, les Dents Blanches, le Gros Rognon, le mont Henri-Rallier-du-Baty, le mont Raymond-Rallier-du-Baty, le pic Saint-Allouarn, l'arête Jérémine. J'ai le sentiment d'être l'ambassadeur d'une principauté minuscule, à qui un conseiller aulique murmure dans le creux de l'oreille les fonctions des dignitaires de la Cour dont il prend respectueusement congé dans la salle des audiences : le cardinal ministre, le gouverneur de la maison des princes, le premier grand chambellan, le général major, l'historiographe principal, le capitaine des gardes, le protonotaire impérial, le doyen des jurisconsultes...

À partir de là notre itinéraire devient franchement nord. Nous continuons en balcon sous de hautes falaises noires. Se dévoilent successivement, loin sur notre droite, la vallée de la Plage Jaune, puis la vallée de Larmor, enfin le val de Longue Attente, qui tous se terminent à la baie d'Audierne. La chaîne centrale se défait des restes de son voile de brume. Côté est, par une échancrure, le Grand Ross et le Petit Ross se révèlent, cornes noires dominant tout autour d'elles.

Nous passons la rivière de Larmor à gué, et continuons sous les Deux Frères, dont nous aurons fait ainsi le tour complet. Délaissant à main gauche le vallon des Oratoires, nous repartons un peu plus à l'est, directement sous le mont Charles Vélain, une haute pyramide qui pourrait être escaladée sans trop de difficultés.

Un lac devrait s'étendre sous le col, mais il a tout bonnement disparu. Nous n'y prêtons guère attention, habitués que nous sommes désormais aux facéties hydrologiques, et déjeunons au point haut. La descente nous amène à une petite plaine orientée ouest, que nous coupons par le nord, pour remonter dans une gorge. Sur notre gauche une falaise noire creusée de centaines de trous béants donne à voir l'intérieur d'un chaudron au moment de l'explosion volcanique.

D'un balcon dominant l'entrée de la baie de la Mouche, le paysage s'ouvre d'un coup. La pluie depuis un moment hésite, virevolte, raye l'horizon, revient, repart. Il ne sera pas dit que nous bénéficierons d'une troisième journée au sec. Nous descendons vers l'embouchure de la rivière de la Mouche par des gradins successifs de roches moutonnées, couleur vieux rose éteint, estampées par des lichens noirs ou blancs. Je crois marcher sur une commode d'ébéniste en bois précieux, sur laquelle des Cosaques auraient éteint leurs cigares – traces noires – ou laissé déborder leurs verres – traces blanches.

La rivière se jette à la mer par un lacis de bras serpentant dans le sable, dans un pertuis entre deux collines escarpées. Hormis un manchot royal isolé et dubitatif, aucun animal sur les plages, sans doute trop éloignées de la mer libre.

Après avoir traversé en sandales, nous longeons la mer, au pied des Restanques. Quelques bonbons se reposent. Six manchots papous s'enfuient à l'eau à ma vue, puis marsouinent, comme pour vérifier mes intentions. Ils nagent en groupe confus et sans ordre. Et moi, comment me situé-je par rapport à mes compagnons ?

Marcher en premier, c'est choisir exactement où poser le pas et conduire les autres, c'est improviser comme un jazzman, c'est être le premier à découvrir un nouveau vallon, l'au-delà d'un col ; c'est hésiter sur le parcours et se tromper parfois ; c'est avoir le sentiment fugace, illusoire, enivrant et sincère d'être le premier homme à arpenter cette terre, à voir tel paysage inchangé depuis la création du monde ; c'est rêver un instant d'y être absolument seul, fragile et résolu, dans une virginité intemporelle.

Marcher en deuxième, c'est se laisser guider, un peu moins concentré sur les difficultés du parcours, un peu plus disponible pour remarquer un changement de lumière, le passage d'un oiseau, un rocher aux formes contournées, des orgues basaltiques, un petit ruisseau banal dont l'énergie met en joie...

Marcher en troisième, ma position habituelle en parcours escarpé : derrière les deux alpinistes aguerris, ne pas me laisser distancer, le regard fixé sur la chaussure devant moi ; c'est suivre au plus près et reproduire de mon mieux leur cheminement vertical, qu'il monte, surcroît de fatigue, ou qu'il descende, surcroît de danger.

Marcher en quatrième, c'est s'abandonner ; laisser le groupe partir devant, le perdre un instant de vue, dans une fausse solitude, délicieuse parce que fausse ; s'amuser avec cette idée, se faire Robinson sur l'île – et retrouver ici ou là les traces des semelles des trois Vendredi qui me guident. Ou alors, c'est avoir décroché, s'être laissé devancer, ne plus arriver à suivre ; dans un tel cas, surtout ne pas accélérer brutalement pour éviter la surchauffe et l'épuisement, garder bon souffle et bon pas, ne pas s'inquiéter, car ils m'attendront pour une pause ou un choix d'itinéraire ; avancer résolument ; et tout à coup, les retrouver.

Marcher à deux de front est souvent impossible, en raison de l'étroitesse du passage, ou inutile, car le vent empêche tout dialogue. Néanmoins, parfois dans les plaines de graviers ou sur les plages se forment des duos, toujours provisoires.

Marcher à trois serait impoli, car excluant le quatrième.

Marcher à quatre de front, si la plaine est suffisamment large, nous conduit spontanément non à avancer épaule contre épaule, mais à nous déployer en tirailleurs sur tout l'espace disponible, chacun suivant une trajectoire parallèle, chacun dans son rythme et dans son effort.

Nous contournons de petits promontoires, dans les mousses et l'acaena, redescendons. Le fond de la baie prend des airs de loch écossais, ses eaux ardoise virent au noir alors que les nuages dérivent et que le mauvais temps se confirme.

Un plateau bosselé domine une baie presque entièrement fermée par une presqu'île rocheuse : il ne manque plus qu'un château en ruine avec un highlander en kilt jouant de la cornemuse pour que l'illusion soit complète. Quelque part par là, selon la carte et nos informations lacunaires, se dresse la cabane de la Mouche, mais où, dans ce labyrinthe ? Fred et Mika partent dans des directions opposées, et c'est Mika qui assez vite nous fait un signe de victoire.

Une cabane inconnue de moi... Qu'allons-nous y trouver ? De la nourriture ? Un radiateur ? Ou un plancher couvert de crottes de souris, des murs moisis laissant passer le vent ? La cabane de la Mouche se révèle un peu plus grande qu'à Val Travers. Fred ouvre la porte : elle est sèche, propre, bien éclairée, doublée de bois, équipée d'une table, de deux bancs et de quatre couchages. Après un coup de balai, elle me semble d'un luxe inouï. Il n'y fait pas très chaud, six degrés selon le thermomètre qui y est accroché. Nous nous changeons, étalons les duvets sur les matelas des bat-flanc. L'eau chauffe dans la casserole pour un thé bienvenu avec mon ultime petit gâteau.

Et c'est alors que les cataractes du ciel s'abattent. Le vent fait trembler les murs, des nappes de pluie passent à l'horizontale devant la fenêtre ou se fracassent sur le toit. Des cascades provisoires, inexistantes le quart d'heure précédent, se précipitent de tous les reliefs. Nos affaires sèchent sur un fil et nous profitons du calme de notre abri. Avec un déluge pareil, et sur un sol partout détrempé, la tente eût été bien inconfortable.

Un nid de pétrels se cache sous le plancher, et en début de nuit nous entendons d'incessants petits appels rauques, dignes de poulets enroués. Je miaule avec acharnement pour leur faire peur et les faire taire, mais si mes compagnons rigolent, les poussins continuent à s'époumoner sur deux notes, fausses l'une comme l'autre.

La pluie tambourine toute la nuit. Tambourine ? Je n'ai entendu dans ce vacarme aucun tambourin, plutôt des grosses caisses, des xylophones, des maracas, des tambours de basque, des castagnettes, des gongs, tous sonnant et vibrant en même temps dans l'anarchie la plus complète. Par moments, au lieu de tomber dru, la pluie réunit ses forces, se retient en apesanteur, et déferle tout d'un coup sur la cabane qui fléchit sous l'assaut et tremble, comme un chalutier dans la tempête, percuté par les vagues et les paquets de mer.

VERS LA CABANE LAROSE

Vendredi 11 décembre-19ᵉ jour

Un timide rayon de soleil s'efforce de percer le crachin. Bien reposés, nous partons d'un bon pas le long de la plage, vers le fond de la baie de la Mouche. Une première rivière requiert une traversée en sandales, et j'attaque la grande plaine littorale, tantôt sur l'estran, tantôt par de larges gravières. Fred passe beaucoup plus à l'intérieur, pratiquement sur notre trajet de l'aller, pour ne pas avoir à se déchausser et exposer son pansement. Mika et Bertrand s'arrêtent un long moment, Mika croyant avoir oublié les cartes à la cabane et ne les retrouvant qu'après avoir entièrement vidé son sac.

Je vais seul. Des goélands tournent. Des bonbons dorment, ou me regardent d'un air ahuri, bouche entrouverte et naseaux éructant. Des bras successifs de rivière me bloquent, et je m'acharne à trouver des gués, sautant, contournant, biaisant, dans un jeu puéril et réjouissant. Mika et Bertrand, qui ont fini par repartir, notent à distance, j'espère, la voie que je leur montre. S'ils me suivent exactement, ils n'auront pas à mettre leurs sandales. J'ai toujours regardé comment Mika s'y prenait pour trouver le passage, et maintenant l'élève égale le maître… Je continue vaillamment, avec pour objectif une indentation peu élevée, à peine un col, qui dans un relief assagi ferme la baie.

Au bout d'un long moment, alors que je me croyais arrivé presque au pied de la colline, je me retourne et regarde en arrière pour mesurer mon triomphe. Mika et Bertrand sont loin de moi, difficiles à trouver, beaucoup plus haut dans la plaine, en passe de rejoindre Fred. Si je prolonge les parcours des uns et de l'autre, je constate qu'ils se réunissent au pied d'une autre indentation, nettement plus au nord. Je devine mon erreur et mets le cap sur elle. Le lien élastique qui m'attache à eux, et dont j'ai découvert la force de rappel dans le val Danièle, est tendu à se rompre. Des nuages noirs s'accumulent sur les montagnes de la chaîne centrale. Si la pluie reprend, je perdrai le contact visuel. Je vais maintenant plein nord contre le vent et je finis par les rejoindre, avec quelques minutes de retard. Aucun chronométreur pour le consigner.

Je vérifie sur la carte et vois que j'avais pris la direction de la baie de Chimay. Il nous faut revenir exactement sur nos pas. Je pensais qu'après cette vaste plaine il y en avait une seconde, mais non. Heureuse surprise, la vallée de la Mouche est derrière nous, bien sûr, nous avons traversé sa rivière hier au niveau de la mer. Celle dont nous sortons est bien la vallée des Contacts, et nous sommes presque à la porte de Rallier du Baty.

Une marche un peu haute en garde le seuil. Nous saluons une dernière fois les Deux Frères dans la brume. Le crachin est revenu et s'est vite transformé en pluie pénétrante, pendant que nous progressons sur ce plateau déjà vu, parmi les collines et les dunes de mâchefer couleur safran.

Aux alentours du site du camp du jour 15, je remarque dans les cailloux une pierre couleur corail, lisse et brillante, veinée d'un trait de gris du plus bel effet. Laurence apprécie les pierres originales, et serait heureuse d'un tel cadeau. Je le lui dois bien, et devine déjà où elle l'installera dans sa collection. Mais nous sommes dans une réserve naturelle, j'ai assez bataillé pour sa création pour ne pas l'ignorer, et tout prélèvement y est interdit. Personne ne le saura jamais, tant il y a de cailloux colorés jonchant le sol. Un de plus, un de moins... J'hésite. Je soupire. La lumière change. Le rouge orangé qui m'avait arrêté ne brille plus, mue en un brun brique assez terne, une trace de peinture délavée. J'ouvre les doigts.

Nous descendons en bord de mer, au sud du fjord des Portes Noires qu'il nous faut à nouveau contourner sur trois côtés. Quelques bonbons somnolent, survolés par des couples de canards. La virgule terminale du fjord n'a pas diminué de longueur. Le ciel reste bas, et la pluie congédiée rôde non loin.

J'essaie de convoquer l'un ou l'autre des concertos de Mozart pour m'accompagner, un mouvement rapide pour me distraire, ou un mouvement lent pour m'enchanter, mais sans aucun succès. Mozart hésite, Mozart rechigne, Mozart s'enfuit, il a peur, il n'est pas de taille face à un tel paysage. Et c'est le deuxième concerto de Rachmaninov qui s'impose, son introduction sidérante dans le grave du piano seul, ce glas d'une force inouïe, puis ce thème repris par l'orchestre, dont le tempo et les retours incessants s'accordent si bien au rythme de la marche. Je n'essaie pas de le chantonner, cela n'aurait aucun sens, mais dans ma tête résonne et revient sans cesse le début du concerto.

Et je sais désormais que chaque fois que je l'entendrai,

par hasard ou par choix, je reverrai en surimpression le fond du fjord des Portes Noires, les rochers noirs glissants, les coquilles de moules sur les graviers et l'acaena, les montagnes tabulaires dans les nuages, les sacs à dos de mes compagnons, le plan d'eau si calme, bleu nuit aux irisations noires, la lumière éteinte et pourtant nette, les goélands et les sternes... Auteur d'un impossible tour de magie, j'ai créé en moi une porte secrète ouvrant sur ce lieu. Savoir que je pourrai y revenir tant et plus, sans limites, que ces pas au bord de la mer ne seront jamais effacés de ma mémoire me ravit.

Après avoir franchi la rivière du fond du fjord en sandales, nous déjeunons un peu plus loin, à l'abri d'une falaise, alors que la pluie diminue, cesse, revient, abandonne la partie. Cette journée, qui réitère à l'envers le lundi précédent, me paraît sans enjeu, sinon sans intérêt.

Mon beau-père, agriculteur haut-savoyard, m'avait dit : « Mais c'est donc bien beau, ce pays, que tu y retournes... » J'avais souri un peu niaisement, ne sachant quoi lui répondre.

Beaux, ces paysages ? Grandioses, assurément. Âpres, rugueux, hostiles même parfois. Monotones aussi : rien ne ressemble plus à une montagne tabulaire ceinte de falaises sombres qu'une autre, ou à une rivière qui se divise en multiples bras dans une plaine de graviers que son homologue trois heures ou trois jours plus tard.

L'absence de végétation – si l'on néglige les mousses et buissons rampants – et l'absence de toute trace laissée par l'homme – pont, route, pylône, chalet d'alpage... – conduisent l'œil à surévaluer toutes les hauteurs et toutes les distances. Elles nous rendent lilliputiens, et tout étonnés parfois de nos avancées. Rien ne donne l'échelle. La perspective, invention majeure de la Renaissance italienne, n'a pas atteint Kerguelen.

Souvent, trop souvent, nuages bas ou brouillards dissimulent les perspectives et les horizons, ne laissant voir qu'un morceau de vallée ou une pente de l'éboulis. La répétition de ces panoramas, petits ou grands, ouverts ou fermés, produit à force un sentiment hypnotique, celui d'une réalité virtuelle, d'une progression immobile et infinie, sans limites ni déplacements.

Je ne sais toujours pas si ces paysages sont beaux, je ne suis plus trop sûr de ce que la beauté signifie. Les philosophes en débattent depuis l'Antiquité. Comment percevoir une beauté qui ne serait jamais regardée, ou si peu et si furtivement? Une beauté qui serait sans aucun lien avec l'homme? Ici, je ne vois pas la beauté, mais la force.

Après une dernière ligne droite sur la plage en rive nord du fjord, nous attaquons les Sentinelles en leur piémont. Je n'en avais rien vu à l'aller, dans les bourrasques. Le temps un peu meilleur permet d'admirer Château-Gaillard, la massive citadelle qui garde l'entrée sud du fjord, et l'étroit défilé qu'il commande. Nous nous élevons d'un bon pas, sur des pentes raisonnables et sans pièges.

Sous nos pieds à nouveau, des cailloux couleur corail, jade, carmin, obsidienne... Les navigateurs du XVIIIᵉ siècle partaient avec de la verroterie, des perles dont les sauvages étaient supposés friands. Ici, c'est l'île déserte qui offre à profusion des joyaux à ses rares visiteurs.

Tout en montant, je prends conscience d'un fait: pour la première fois de ma vie, je tiens un journal. Bertrand qui me connaît bien m'a fait remarquer à quel point je veux contrôler ce qui m'entoure, quelle difficulté j'éprouve à lâcher prise. Se raconter, c'est, agrippé au rebord de la falaise, ouvrir les mains et raconter la chute. Mais je n'ai plus le choix. J'obéis à mon projet. L'expérience que je tente depuis le cap d'Estaing est une douce brûlure. Fallait-il donc aller aussi loin pour parvenir enfin à parler de moi ?

Mes jambes en tout cas ont réussi à me hisser jusqu'à un plateau. Nous voilà arrivés au sommet sinon des Sentinelles, du moins d'un balcon intermédiaire dominant le fjord. Nous y retrouvons nos empreintes de pas, la petite falaise où nous nous étions arrêtés pour déjeuner, à peine abrités d'une pluie battante.

Nous progressons ensuite sous une barre rocheuse, dans un éboulis tout en dévers comme nous en avons traversé souvent, et qui domine un vallon pierreux. Au bout d'un quart d'heure à jouer les dahus, ma cheville droite, qui avait brièvement protesté ce matin lors d'un bond par-dessus un ruisseau, se révolte. La douleur est précise sans être forte. Je tente de réduire mon appui en déportant le poids sur les bras et les bâtons, et cette position peu naturelle provoque assez vite une alerte dans le genou.

J'appelle Fred et m'assieds un moment. Je me force à boire. Je refuse tout allègement de mon sac. Je suis, tout simplement, recru de fatigue et mon corps proteste comme il peut.

Le Petit et le Grand Ross, pointes blanches soutachées de noir et inondées de lumière, sculptent l'horizon, alors que la montagne qui nous en sépare, sur la presqu'île du Bougainville, brune, à l'ombre, disparaît dans un effet de brume, par politesse envers son suzerain, ou par l'artifice d'un éclairagiste de théâtre.

Nous repartons prudemment, le terrain s'améliore, et je m'économise jusqu'au camp, que nous montons, peut-être plus tôt qu'initialement prévu par Mika qui a souci de moi, avant la sortie des Sentinelles.

En allant chercher de l'eau, je remarque sur une dalle presque verticale, exposée au nord et protégée des ruissellements, d'un lichen les fines ramifications. Argent ou bronze selon l'éclairage, elles dessinent sur le gris de la roche une composition abstraite où le regard se perd. Malgré ce que j'ai appris à l'école, j'ai peine à croire que cette chose si plate, si inerte, sans commencement ni fin, dépourvue d'organes et de vaisseaux, que ce décor réticulé soit un organisme vivant.

Je me souviens d'un échange au téléphone avec un savant amateur, trois mois avant le départ. Il souhaitait que nous lui rapportions des données sur les spécimens rencontrés au fil de notre itinéraire. Pressentant mes réticences à m'encombrer de contraintes supplémentaires, le solliciteur n'avait pas reculé devant cet ultime argument : « Et puis, cela ajoutera à votre randonnée un alibi scientifique. »

Un alibi scientifique ? Avons-nous besoin d'un alibi ?

Bien des projets d'aventure se prévalent de soutenir de nobles causes. Ils veulent traverser les océans, les montagnes ou les déserts, et tout autant lutter contre le réchauffement climatique, défendre l'enfance malheureuse ou la paix dans le monde, soutenir les réfugiés de tel conflit ou les victimes de telle maladie. Inutile de rechercher un lien logique entre le défi que se lancent ces sportifs blancs, occidentaux, bien nourris et en bonne santé, et l'engagement militant dont ils font la promotion. La grandeur du combat qu'ils se sont choisi dissimule mal le caractère hédoniste de leurs préoccupations, et parfois l'absurdité de leur projet. Le bon peuple n'y verra que du feu.

D'autres encore voyagent pour la recherche. Ah, la recherche !... Leur parcours les amènera dans des contrées difficiles d'accès, et ils promettent d'y recueillir des échantillons d'air, d'eau, de terre, de plumes ou d'os. Des scientifiques heureux de l'aubaine leur ont fourni des protocoles selon lesquels, modestes collecteurs de données, ils rempliront des cahiers de notes et des tubes à essai. Ainsi, à chaque interrogation d'un possible mécène, à chaque critique de leur périple, ils opposent ce bouclier apparemment sans défaut : c'est pour la science !

Nous ne prétendons rien prouver, rien démontrer, rien établir. Notre périple est modestement inutile. Nous ne servons aucun but, aucune cause. Nous ne défendons aucun engagement et ne revendiquons aucune protection Nous trouvons notre bonheur dans la marche, non dans la démarche.

Aucun alibi, en effet. Et puis, dans un recoin de ma mémoire rarement visité depuis le lycée, je me souviens de ce qu'en latin alibi signifie ailleurs. L'alibi du criminel lui permet de prétendre avoir été ailleurs que sur le lieu de son forfait. Son autre nom est mensonge. Les honnêtes gens n'en ont pas besoin.

De quel ailleurs aurais-je besoin, alors que je suis dans l'ailleurs de tous les ailleurs, aux extrémités du monde, au sud des bornes du jardin d'Éden ?

Samedi 12 décembre-20ᵉ jour

Après une descente facile sous une pluie fine et quelques bourrasques, nous retrouvons notre dépôt de vivres et rechargeons une dernière fois nos sacs à dos. Ils remontent presque à leur poids du début, garantissant ainsi l'autonomie nécessaire pour changer de péninsule, passer de Rallier du Baty à Gallieni, dont le mont Ross est le centre.

La traversée de la plaine Ampère, cette fois dans sa largeur, requiert à nouveau d'enlever chaussures et pantalon. Au fond du décor, la calotte glaciaire Cook se devine à peine dans la bruine. Les rivières du Casque, de la Diosaz et Ampère se succèdent. Mes compagnons ont également enfilé des chaussons de plongée, qui leur assurent un confort supplémentaire. Après une longue hésitation, je ne m'en suis pas encombré, privilégiant le poids sur tout le reste. En sandales aussi, mais pieds nus comme un moine franciscain ou bouddhiste, frissonnant de froid, je comprends dans ce paysage interminable combien un tel dépouillement symbolise la pauvreté, le renoncement, l'humilité.

La rivière Ampère s'étale en une large lagune, rendant

le passage côtier impossible. Il faut remonter un peu vers l'intérieur pour trouver un passage. Une nouvelle fois, j'admire la sûreté de l'œil de Mika, qui, lisant les remous de l'eau comme autant de pancartes, trouve le chemin. Et alors que je me crois arrivé au but, contre cette montagne que je désespère d'atteindre depuis un moment, je découvre la rivière de l'Étrier, et, l'ayant franchie, une vaste zone de souilles, où la sandale se justifie encore.

Des rennes nous détectent et s'enfuient dans le val de l'Étrier, par où j'étais passé il y a douze ans et que je croyais remonter à nouveau. Mais la carte confirme un trajet plus direct, par le col d'Entremers – et non d'Entre-Deux-Mers comme je l'ai d'abord trop vite lu. Le premier tiers est une montée rude mais franche, pour se faufiler entre plusieurs systèmes de barres rocheuses. Quel plaisir à nouveau de dérouler un pas tranquille de montagnard, de trouver son souffle, de voir la plaine en contrebas s'éloigner peu à peu...

Pour rendre cette marche possible, je me suis engagé à écrire ce récit. Il n'en était que le prétexte. Et peu à peu, au fil des jours, il a pris le pouvoir, et pèse de tout son poids. Subtilement, à mon insu, il me transforme, m'influence et modifie mes comportements. En permanence je me tiens à l'affût de ce que je pourrai consigner le soir.

Par cette attention redoublée à ce que je vois et ce que je ressens, je ne me soucie pas assez de mes compagnons, de savoir s'ils sont heureux, si tout leur convient. Je ne m'intéresse pas à leurs attentes ou leurs déceptions. Nous avançons, cela seul compte.

Le livre en train de s'écrire m'accapare. Il scande mes journées. Je lui obéis. Il fait de Bertrand, Mika et Fred de simples comparses, et je n'ai pas perçu cette minuscule trahison que je leur inflige. À cause de lui, je marche égoïste.

Je me retourne : la baie de la Table brille à nouveau avec la transparence d'une plage sous les tropiques – mais pourquoi ces bleus pâles, alanguis, aguicheurs, presque transparents, lui sont-ils exclusivement réservés ? Le lac Jaune, au pied nord des Sentinelles, se laisse apercevoir et se révèle plutôt marron. La montagne du Casque, elle, justifie mieux son nom. Le glacier Ampère veille sur l'ensemble. Toute l'arête centrale de la péninsule Rallier du Baty est cachée sous les nuages, et suscite une discrète nostalgie.

Nous évitons de nous engager dans une gorge taillée à la hache, trop évidente et qui nous enfermerait, et débouchons sur un beau vallon caillouteux, en pente douce, où nous déjeunons protégés du vent dans un abri sous roche. Le paysage est franchement minéral, même selon les critères locaux. Je ne distingue que quelques rares coussins d'azorelle, et c'est tout. Un plaisant faux plat de graviers nous conduit au pied du col, et un dernier effort à son sommet.

L'autre versant tourne à angle droit. Nous dominons un vallon encore plus austère et dépouillé que le précédent, dépourvu même de toute idée de végétation. Étonnamment, il se révèle absolument plat. Un ruisselet y erre, cherchant la sortie. Des grains de neige nous accompagnent jusqu'à un balcon, où la pente redevient brutale.

Ce belvédère sur le fjord Larose domine un plan d'eau calme, enserré dans des montagnes apaisées, s'achevant par une lagune. Au sud du fjord, un col s'esquisse, le col de Dante, et dans son échancrure apparaît sous les nuages la roche Sanadoire.

Nous descendons par un névé, des pentes raides, un éboulis, des roches moutonnées, des gradins successifs pour arriver au niveau de la rivière des Cristaux. Sur un replat, un bidon orange alerte les voyageurs : ici vous attend la caverne du Relais. Pour y avoir dormi autrefois, j'ai vanté ses mérites à mes compagnons : assez grande pour nous quatre, sèche, plate, haute de plafond, et fermée à tous les vents par un muret, que dis-je, une double chicane de pierres sèches. C'est là qu'aurait dû être déposé le dernier bidon de vivres, si l'hélicoptère avait pu passer il y a trois semaines.

Nous y étalons successivement les bâches en plastique qui s'y trouvent, la couverture de survie, la tente intérieure en guise de tapis, nos matelas gonflables. Cet empilement nous maintiendra bien au sec dans nos duvets.

Les avantages de la grotte sont la rapidité d'installation et la certitude que le vent et la pluie n'entreront pas – encore qu'ici le vent contourne l'obstacle et sait nous atteindre. L'inconvénient, déjà éprouvé dans la grotte de val Danièle, est la température, égale à celle de l'extérieur quoi que nous fassions. La tentation du duvet est plus impérieuse que celle de la littérature, comment écrire par un froid pareil ?

Le ciel redevient bleu. Entre le haut du muret et le toit de la caverne je vois défiler des nuages. La quantité de gaz restant autorise un thé bouillant, luxe absolu. Je ressors chercher de l'eau, et fais fuir un troupeau de rennes. Des nuages de neige descendent le val et se dirigent vers notre abri.

Mika a alors une idée de génie. Il propose de monter la tente dans la grotte. Je crois d'abord à une plaisanterie, mais non. Nous nous relevons, tentons l'expérience. Et il a l'œil ! À quelques centimètres près, la tente intérieure tient exactement dans l'espace. Des guêtres installées sur les arceaux viennent les protéger du frottement contre le basalte abrasif. Et la caverne tout entière nous tient lieu de double toit. La température intérieure remonte rapidement. Nous retrouvons alors tout le confort, ayant optimisé le meilleur des deux solutions.

Dans ce remue-ménage, je ne retrouve plus mon gant droit. Cette perte me contrarie plus qu'elle ne le devrait. Je ne suis pas bien riche en vêtements, et ne peux me permettre semblable négligence. Mika en a une seconde paire, et il ne refusera pas de me la prêter. Mais dépendre d'autrui, alors que je suis seul responsable de mes affaires, me gêne et me vexe, et renforce le désagrément que j'éprouve, et qui monte, et qui devient disproportionné. Quoi ? Perdre patience pour un gant ? Alors que j'éprouve depuis le début un inattendu bonheur de la pauvreté ?

Décidément, nous sommes pauvres. Nous avons renoncé à la plupart des biens de ce monde.

Pas d'électricité, donc pas d'éclairage : comme des moines, nous vivons à l'heure solaire, profitons des longues journées d'été et n'éprouvons pas le besoin d'allumer de lampe dans la nuit australe où les étoiles nous émerveillent. Pas d'électricité, donc pas de musique enregistrée : si nous voulons nous repaître de notes, il nous suffit de siffler ou de chanter, et je ne m'en prive pas, non pour des laudes en grégorien, mais dans mon immodeste répertoire de baryton-basse, tiré de Bizet, Gounod ou Meyerbeer. Pas d'électricité, donc pas d'autre énergie pour manger ou boire chaud que l'unique flamme du réchaud, dont Mika est le gardien avare. Pas d'électricité, ni de bois mort ou flotté sur les plages, donc aucun moyen de créer de la chaleur le soir à l'étape pour reposer nos corps et faire sécher nos hardes. Pas d'électricité, donc pas de chaîne du froid, et nos vivres ont été choisis pour s'en passer.

Pas de meubles. Nous mangeons par terre, sur une dalle. Pour une petite sieste, trop rarement, le creux d'un rocher nous accueille. L'arrondi d'un vallon nous tient lieu de salle d'eau, de buanderie, voire de boudoir ou de chapelle. Le sac à dos fait fonction d'armoire à linge et à pharmacie, de placard à vaisselle et de cellier, de bibliothèque et de bureau, ainsi que de poubelle.

Pas de miroir non plus. Je découvre ici combien d'ordinaire notre image nous obsède. Dans la salle de bains, dans l'entrée, dans l'ascenseur, dans une vitrine, dans un rétroviseur, dans le reflet d'une vitre, chacun, et les hommes pas moins que les femmes, passe son temps à vérifier son apparence. Ici, nous sommes revenus à un monde privé du reflet de soi. Je ne sais de quoi j'ai l'air. En me passant la main sur le menton, je constate que ma barbe pousse. Mais ai-je les yeux cernés, les joues creuses, le teint blême ? Je l'ignore et l'ignorerai jusqu'au bout. Je porte mon visage comme je porte mon sac à dos, et celui-là m'est devenu moins familier que celui-ci. J'ai vu mes compagnons peu à peu changer, leur silhouette s'amincir, leurs joues se creuser et se couvrir de poils, leurs regards devenir plus essentiels. Je suis environné de personnages du Greco.

Nous sommes pauvres, d'une pauvreté choisie. En somme nous avons prononcé des vœux temporaires. Pauvreté, donc. Chasteté, évidemment. Obéissance, non au chef que nous nous sommes donné, mais au projet. Le guide joue le même rôle que le supérieur d'un couvent élu par les autres moines, il n'est que le garant de sa réalisation. Silence, le plus souvent.

Mais que sont les vœux, sans la transcendance ?

Obéissance, chasteté, dénuement, discrétion : notre mode de vie est aussi celui d'un commando, de troupes d'élite engagées en terrain hostile. Mais nous n'avons pas d'armes, et nulle violence en nous.

Ni moines ni soldats, nous savourons ces instants avec un égoïsme forcené.

Pas d'arrêtés municipaux, ni de gendarmes. Mais quels crimes, quels délits pourrions-nous donc commettre ? Un meurtre ou seulement une bagarre compromettraient la suite de la randonnée. Un vol n'aurait aucun sens puisque nos sacs à dos contiennent les mêmes articles, irremplaçables. Je n'arrive pas à imaginer lequel de mes camarades escroquer ou faire chanter, ni pourquoi ni comment. L'absence d'alcool et de chemins nous protège de l'ivresse sur la voie publique, comme la marche à pied du stationnement interdit. Nous sommes donc des citoyens exemplaires, sans l'avoir cherché. Mais que vaut cette extrême vertu, si elle vient non de la pureté de nos âmes, mais de l'absence de tentations, ou de l'impossibilité de mal faire ?

Nous dînons sous la tente, où maintenant il fait bon. Je reprends mon carnet pour noter une idée qui me trotte dans la tête depuis le col d'Entremers et que j'ai polie, lustrée, apprise par cœur et répétée tout du long. Et maintenant que je la mets par écrit, je ne parviens plus à en discerner la valeur. Mon sens critique a disparu. Tant pis, je la garde comme elle m'est venue, au rythme de mon pas :

« Depuis trois semaines, je parcours ces solitudes, et je les ai peuplées de réminiscences historiques, littéraires, géographiques, architecturales, musicales. Au fond, quel que soit le décor, on marche toujours dans sa tête. »

Dimanche 13 décembre-21ᵉ jour

Au démontage de la tente dans la grotte je retrouve mon gant droit. Des grains de neige nous accompagnent alors que nous traversons la rivière des Cristaux. Les montagnes sont poudrées de givre presque jusqu'en plaine. Sur la rive sud, je m'aperçois que la résille récupérée à Mortadelle, qui enserrait mon serre-tête, a disparu. Je me retourne et ne vois rien dans les mousses. Elle gît quelque part, dans un trou de lapin, coincée contre un rocher, dédaignée par les skuas. Quoique je n'aie jamais été convaincu de sa réelle utilité, je dois apprendre à m'en passer.

Le fond du fjord Larose se singularise non par sa lagune de sable gris et les bonbons qui s'y prélassent, ni par les falaises qui le protègent des rafales, ni par l'invisible détroit qui le relie à la baie Larose, mais par la quantité impressionnante de goélands qu'il héberge. Ils se reposent sur l'eau, volent, attendent à terre, tous identiques. Ils ressemblent trait pour trait à leurs cousins de l'Atlantique, ceux qui hantent les plages comme ceux qui encombrent les boutiques de souvenirs. Régulièrement l'un d'eux pousse une série de cris, un appel aigu qu'il répète en baissant d'intensité, de hauteur et de conviction, espérant je ne sais quoi et rapidement convaincu qu'il n'aura pas de réponse.

Nous cheminons le long de la mer, dans un étroit passage au pied de petites falaises. Des manchots papous nichent, presque invisibles, dans les blocs en contrebas, juste au-dessus de la grève. Le vent se fait sentir lorsque le fjord et le paysage s'élargissent. La montée au modeste col de Dante ne présente aucune difficulté, mais je ne parviens pas à trouver mon rythme. Chaque pas compte double ou triple et je me traîne, bon dernier, sans comprendre la cause : le sac à dos trop vite fait et mal équilibré depuis le passage hier au dépôt ? La nuit médiocre dans la caverne ? La fatigue accumulée ? Et puis, quand même l'âge ? Au matin du départ, à une passagère italienne qui me félicitait de notre projet dans un français parfait, j'avais répondu, pour le plaisir de baragouiner mon mauvais italien : « Sono cinquanta e sei, ancor'un giovanotto. » Encore un jeune homme, à cinquante-six ans ?...

Un cairn sur une terrasse confirme que des hommes sont passés là avant nous. Ce très modeste monument d'abord me réjouit, en me reliant aux précédents marcheurs ; il m'amuse par son inutilité, tant le trajet est évident ; il m'inquiète aussi, par tout ce dont il symbolise les prémices : les marques de peinture de deux couleurs vives sur les rochers ; les poteaux indicateurs ; les sentiers aménagés à la pelle et à la pioche ; les groupes randonnant en sens inverse ; les refuges gardés, les buvettes et les offices du tourisme...

D'un coup de pied bien ajusté, je pourrais disperser ce tas de cailloux, faire disparaître le sens qu'ils portent par leur accumulation. Mais qui sait, peut-être qu'un jour de brouillard et de tempête ce tas et ce sens sauveront des vies ? Je pourrais ajouter ma pierre à l'édifice, et lui conférer ainsi une fonction de compteur du passage. Mais pas assez d'orgueil en moi pour un tel geste. Enfin je perçois pour ce qu'elle est vraiment l'incongruité d'une aussi petite construction : une forme d'humour, une plaisanterie édifiée le temps d'une pause casse-croûte, un salut ironique adressé à ceux qui si rarement suivront...

Alors je continue, et quelques pas plus loin toutes ces émotions se sont évanouies.

Et puis le col, dans des bourrasques qui nous poussent en avant.

Sitôt après, je m'assieds, stupéfait. Sous de lourds nuages laissant tomber ici ou là un rai de lumière jaune, je dénombre sept plans successifs de montagnes. Les deux premiers sont bruns, tabulaires, ombrés de traces de végétation, et ferment le vallon que nous dominons. Les suivants sont noirs, à peine ourlés de neige, et rivalisent de formes agressives : un doigt vrillé tendu vers le ciel, dont la seconde phalange porte une longue aiguille penchée ; un cube massif, vu de biais, sans concession ni fragilité ; une molaire géante, jaillissant d'une mâchoire abrupte ; une pyramide parfaite, d'un noir plus noir encore que ses voisines, et dont dégueulent des éboulis ; un bras posé tout du long et se terminant par un poing fermé, ganté, clouté, lustré ; et tout au fond, impérial, hors d'échelle, hors cadre, le mont Ross, seigneur des lieux, dont seuls les piémonts se laissent voir, champs de neige, langues glaciaires, dont sourd une lumière d'un blanc sombre et inquiétant, rehaussant le contraste avec ses vassaux.

Alors je comprends pourquoi ce col s'appelle le col de Dante. Ce n'est pas le créateur de la langue et des lettres italiennes qui est ici évoqué, mais l'adjectif dantesque au sens banal du terme : non pas les tercets de *La Divine Comédie*, mais les gravures torturées de Gustave Doré. Cette fantaisie de formes inédites, ce camaïeu de noir et de gris à peine rehaussé de blanc, cette démesure dans laquelle nul homme ne pourrait vivre, voilà en quoi ce paysage est dantesque. Très différent du plateau central et des péninsules Loranchet et Rallier du Baty, il raconte une autre histoire géologique, écrite par le volcanisme du Ross.

Nous descendons ce premier vallon, en sortons par une épaule en rive droite, et là, nouvelle stupeur : une petite montagne entièrement verte, ou plutôt vert-de-gris. Ses flancs sont encombrés d'éboulis de la même couleur. Elle semble posée, tendue, dans l'attente. Sa surface est recouverte d'écailles, de nodosités, de rotules, de bombements qui évoquent des muscles, de failles qui suggèrent des tendons, un corps tout entier arc-bouté pour l'action. L'alternance rapide du soleil et des nuages donne vie à cette peau qui frissonne, marquée et saillante comme celle d'un crocodile, ou, mieux, d'un rhinocéros.

Dans un grain de neige, nous déjeunons sans traîner, collés à la bête, puis achevons de la contourner, et débouchons sur le lac de Jougne, irisé ou plutôt irrité de vaguelettes. Il nous oblige à suivre ses bords sur la moitié de son périmètre : le petit côté, vent de face, puis le grand, vent dans le dos. Les plages de sable gris sont vides. Aucun animal dans ce désert sans nourriture. Pour seule trace de vie, le squelette d'un beau renne adulte, bois et os entièrement blanchis, figé dans la position dans laquelle il s'est affaissé.

Un véritable sentier longe le lac, bien marqué d'empreintes de sabots. Une nouvelle fois, je m'enchante de ce pays où les rennes se font ingénieurs et cantonniers, où à force de piétinements ils créent les chemins et les entretiennent. L'écartement pour quatre sabots, le même que pour deux chaussures, aide à la marche. La trace se glisse même audacieusement sous un bombement de falaise, qui lui fait un long toit.

Devant nous, la roche Sanadoire. Ce rocher haut de deux cents mètres, gris ombré de vert, serti dans les eaux émeraude du lac, présente une forme parfaite, sa longueur et sa hauteur suivant les proportions du nombre d'or. Il présente, sur sa face nord, sept longues balafres verticales, parallèles, sept étroites cavités régulièrement espacées. Malgré ses dimensions impressionnantes, je le vois comme un trésor d'orfèvrerie médiévale, la châsse d'un saint, ornée de sept colonnettes pour les sept jours de la semaine ou les sept vertus cardinales.

Le sentier se termine à son pied. Vue de plus près, la moitié inférieure de sa face nord est recouverte d'un éboulis très raide, d'où jaillissent les parois verticales. Ce léger infléchissement ne nuit pas à l'harmonie générale, mais la renforce, lui donne un raffinement singulier, une humilité, une délicatesse. Oui, c'est bien le chef-d'œuvre d'un compagnon passant maître, l'offrande d'une confrérie à sa cathédrale.

Je contourne la roche par son flanc ouest. Fred est parti devant, Mika et Bertrand photographient çà et là. Après une petite montée, j'ai le choix entre continuer de faire le tour de la roche, ou prendre un vallon à droite, qui va à la côte, à la baie Larose que je devine au fond du paysage. J'opte pour le vallon, m'y engage, et deviens le témoin d'un phénomène rare.

J'entends le bruit du vent, bien sûr, un vent constant, qui pousse et souffle dans mon dos sans discontinuer. Mais j'entends aussi autre chose, un son clairement localisé sur ma gauche. Je m'arrête : un grondement, une voix grave, un son fondamental, une note tenue au pédalier, un long grognement de fauve. Sur ce côté, la roche présente des orgues basaltiques, des tuyaux qui descendent et s'achèvent à des hauteurs diverses sur une section hexagonale. Le vent tournant autour fait résonner ces décrochements, en tire des harmoniques, un bruit sourd au confluent de la musique répétitive et du plain-chant, une âpre mélopée, une déploration sans fin. J'ai entendu la voix de la roche Sanadoire.

Un peu ébranlé par cette révélation, je reprends la marche et, voyant un torrent s'engager dans un verrou rocheux dont je ne discerne pas la sortie, veille à ne pas le suivre et reste sur un plateau supérieur, dominant la plaine de Dante. J'y chemine d'un bon pas, dans des rafales parfois violentes, et tente de trouver une sortie. Mais je ne distingue aucune échappatoire, et continue jusqu'à un belvédère fermé sur trois côtés. Je pourrais remonter dans la pente, franchir peut-être cette cascade, mais ensuite ? Une arête me cache ce qui m'attend. Quant à descendre, j'ai beau m'approcher du vide, je ne vois pas de passage. Le fil élastique qui m'unit à mes compagnons s'est tendu à se rompre, ils ont bel et bien disparu de cette scène immense, où les nuages gagnent et referment le paysage. J'envisage de faire demi-tour jusqu'à l'étroit et peu engageant défilé que j'ai dédaigné, voire de le contourner sur l'autre rive.

Au loin, toute la baie d'Audierne, et de l'autre côté les montagnes de Rallier du Baty. Je reconnais le mont Charles Vélain, le mont du Commandant, l'arête Jérémine, que je pensais ne jamais revoir.

J'hésite. Soudain je vois Fred, cent mètres plus bas. Dans une providentielle accalmie de vent, je l'appelle, il sursaute, il m'a entendu. Il me dira peu après qu'il rêvait en marchant, et que mon cri dans ce désert l'avait sidéré. Il se rapproche, mais le vent a repris et emporte mes questions. Je fais des gestes qu'il ne comprend pas, et je ne comprends pas ses réponses. Toutefois il a bien analysé ma situation : il vient au pied de la falaise, monte un couloir en me faisant signe de descendre. Je lui fais confiance, m'aventure, et en effet un passage, invisible pour moi en surplomb car dissimulé sous un bloc, me permet de me glisser dans le haut d'une pente raide d'où, en veillant à bien assurer le pied, je parviens à le rejoindre. Le fil élastique a rempli son office.

Lui et moi continuons ensemble sur un modeste plateau, pendant un temps qui s'étire. Une succession de zones souilleuses nous fatigue, avec de trop rares parenthèses caillouteuses. Nous dominons la plage de la baie Larose. Des manchots royaux par centaines, que dis-je, par milliers, remontent les lacis de la rivière parcourue d'un courant infime. Mais je n'ai pas le goût de les observer. Les grains de neige se succèdent et les bourrasques se renforcent, pendant que, descendu à la côte, je zigzague sur une interminable banquette littorale, creusée de baignoires d'éléphants de mer.

Enfin j'aperçois la cabane Larose : un hangar métallique rouge posé sur un radier de planches, au milieu d'un premier plateau au sol tourbeux gorgé d'eau. J'entre en titubant et pose mon sac. Six couchages. Une gazinière. Une table, des bancs. Des bidons emplis de nourriture arrimés à l'extérieur. Les ans et les tempêtes ont laissé leurs marques : des trous, de part et d'autre de la porte ; une balafre sur l'arrière, longue comme le bras et effilée. Pour éviter que le vent et la pluie n'entrent trop directement, des couvertures marronnasses sont tendues en travers et prétendent limiter courants d'air et ruissellements. Leur sacrifice semble vain, elles moisissent, et avec elles les matelas en dessous qu'elles croyaient protéger. Ces rafistolages, auxquels nous ajoutons nos affaires tendues sur des fils de part en part dans l'espoir illusoire de les faire sécher, donnent à l'intérieur l'aspect d'un abri pour réfugiés après une catastrophe humanitaire.

Je me laisse tomber sur un banc. Dans ce petit espace, je n'ai plus à lutter en permanence contre le vent – son bruit, ses gifles, ses caprices, son haleine glacée. Je peux me détendre, me défaire de son emprise, le laisser gémir, geindre, gronder sans subir sa loi. Je peux parler sans crier. J'entends des détails : la respiration de Fred, le frémissement de l'eau qui chauffe dans une casserole, le bruit d'un sac en plastique froissé. Ni chauffée ni chauffable, la cabane est d'abord un camp retranché où le vent n'est pas admis. Une seconde cabane s'élevait sur son flanc gauche, mais, par la faute d'un maladroit qui n'avait pas bien fermé la porte, le vent s'y est engouffré et l'a détruite, ne laissant que quelques pièces de bois éparses.

Kerguelen est voué au vent. Son souffle ne semble jamais devoir cesser, ni cesser de nous surprendre. Il varie en force et en direction selon des logiques qui m'échappent, où se conjuguent perturbations océaniques, effets du relief, influence du soleil et pur caprice. Imprévisible et souverain, il décide de nos journées. Au-delà de trente nœuds, il rend la progression pénible ; allié à la pluie, il nous accable de froid ; virevoltant, il prend appui sur les sacs à dos pour nous infliger de rudes bourrades ; bavard, sifflant, hurlant, grondant, il nous empêche de parler ; tourbillonnant avec la neige, il nous aveugle.

Et lorsqu'il cesse, que rien ne bouge ni ne vibre dans

l'air, que le murmure du ruisseau devient perceptible, et le rebond du caillou dérangé, et le bruit sourd des bâtons de Bertrand devant moi, son absence provisoire fait ressortir plus encore sa domination – absence aussi étonnante, aussi déconcertante qu'une éclipse.

Le vent n'est pas un élément du paysage de Kerguelen, il en est l'essence même; comme l'odeur de thym et de pin pour la Provence, les verticales pour New York, la pluie pour l'Écosse ou les ciels sans limites pour la Beauce.

La chapelle de Port-aux-Français, édifiée par un prêtre-ouvrier à la fin des années 1950, ornée de beaux vitraux abstraits, s'appelle Notre-Dame-du-Vent. Non pas Notre-Dame-des-Vents, comme le croient souvent les hivernants dans la banale évidence du climat, mais bien Notre-Dame-du-Vent. Chaque fois que j'ai été hébergé sur la base, je n'ai pas manqué d'entrer dans la chapelle pour entendre le silence, et les vents au-dehors. Ce silence du vent est la paix, car il n'est pas vide, mais dialogue intérieur, sérénité, vérité.

« Ventus est vita mea », proclame une inscription en fer forgé sur le mur extérieur de la chapelle. Le vent est ma vie. Il faut le silence des vents au-dehors pour être attentif et présent au Vent de l'Esprit. « Le vent souffle où il veut, et tu en entends le bruit; mais tu ne sais d'où il vient, ni où il va. Il en est ainsi de tout homme qui est né de l'Esprit » (Jn 3, 8).

Partout ailleurs, aux pays où vivent les hommes, au commencement était le Verbe. Ici, au sud du jardin d'Éden, au commencement était le Vent.

Faute de cahier de cabane, c'est sur les cloisons que les visiteurs laissent des graffitis, une date et des noms. J'y lis avec plaisir OAMSK, On A Marché Sur Kerguelen, la devise d'Isabelle Autissier en 1999. Fred y retrouve les traces de ses deux passages la même année. Bertrand y remarque une inscription récente de l'équipe de visite de l'*Albatros*, l'un des navires qu'il a commandés. Nous ne laisserons aucune inscription : d'abord parce que nous n'avons rien pour écrire sur le métal, mais surtout parce que nous nous voulons furtifs.

Avec les trésors récupérés dans les bidons solidement arrimés aux flancs de la cabane, Fred confectionne un chocolat délicieusement brûlant, accompagné de biscuits nappés de lait concentré sucré. Au-dehors, voilant un peu le spectacle de la plage, les bourrasques de neige se succèdent.

Rompant avec mon silence envers le reste du monde, j'appelle Marie, ma fille aînée, pour ses vingt-neuf ans. Ainsi que je l'espérais sans oser me l'avouer vraiment, je tombe sur son répondeur, et lui laisse un message. Elle saura que j'ai pensé à elle depuis Kerguelen, et je suis, un peu lâchement, heureux de ne rien apprendre.

Quatre jours plus tôt, exceptionnellement, Fred a téléphoné à sa femme pour lui souhaiter son anniversaire. Il en est revenu soucieux, il a en effet appris que l'une de ses jumelles souffre d'une de ces maladies bénignes fréquentes à cinq ans. Rien de grave donc, mais son absence laisse sa femme seule pour y faire face. Mon choix radical – aucun contact pendant toute la marche – me semble le bon.

Les bonnes nouvelles peuvent attendre notre retour. Je redoute plus que tout les mauvaises, qui m'empliraient d'un sentiment d'angoisse, de remords, de culpabilité, et transformeraient la suite de l'aventure en torture permanente.

Le soir, après avoir reçu les prévisions météorologiques, nous débattons de la suite du programme. Désormais les vivres abondent, les stocks de cette cabane complétant ceux que nous avons transportés depuis Mortadelle. Cette contrainte levée, nous abordons la question : sud du Ross ou nord du Ross ?

Fred nous décrit le trajet par le sud, qu'il a réussi en avril 1999, dans l'autre sens. Pour nous, la première journée serait simple : suivre la côte, admirer au passage le doigt de Sainte-Anne et sa manchotière, et aller camper du côté de la pointe de Penmarc'h, à la sortie sud-ouest de la baie de la Table, un site nécessairement exposé au risque de tous les vents d'ouest. Le lendemain se jouerait à quitte ou double : monter sur le bord extérieur du volcan, constitué d'arêtes successives dégringolant à l'océan ; à six cents mètres d'altitude, traverser un premier cirque tout en dévers ; remonter l'arête suivante ; redescendre jusqu'au glacier Buffon ; trouver un passage pour le traverser et poser le camp dans les moraines de sa rive gauche. La récompense viendrait le jour suivant : une remontée de la péninsule Gallieni jusqu'au pied du Ross.

Cette proposition m'inquiète par son engagement, et les difficultés de sa deuxième journée, tout entière dans les éboulis volcaniques, sans autre possibilité que de continuer et d'en sortir de l'autre côté. Je ne souhaite pas revivre les affres du quatrième jour, la sortie du couloir Mangin. Les prévisions nous annoncent pour le 15 décembre une journée maussade et pluvieuse, des nuages bas, de la neige sans doute. Comment, dans le brouillard et le mauvais temps, trouver notre chemin ?

Mika, que ce défi attire pourtant, le souligne. Sans doute prend-il aussi en compte sans le dire la fatigue de Bertrand et la mienne. En même temps il estime que l'effort annoncé ne lui paraît pas hors de notre portée. Du reste, qui nous garantit que le 16 le Ross sera dégagé ?

L'alternative, c'est le retour direct, par le col de Casse Déserte, le val Sénestre, la rivière des Galets, itinéraire dont Fred et moi gardons un médiocre souvenir, celui d'interminables faux plats sans intérêt ni vue. Mika imagine une variante, un col anonyme qui du val Sénestre permet de revenir sur la vallée Olsen, au nord-est du Ross. De là une courte marche nous permettrait le lendemain d'atteindre quand même le cratère par le nord. Fred souligne le risque de ne rien voir et d'avoir consenti une grosse journée et un tel détour pour rien. Je suggère une échappée nettement plus au nord, par le val des Orgues et un col qui redescend sur le lac d'Entremont, évitant la rivière des Galets : certes, aucun coup d'œil sur le Ross, mais la certitude de beaux paysages volcaniques, et une arrivée inédite sur le plateau central.

Bertrand et moi insistons pour prendre une journée de repos, la première depuis Mortadelle. Je sens que j'en ai besoin. Cette pause, nous le savons bien, compromet l'option par le sud, et pour être franc je n'ai pas trop de regrets à la voir peu à peu s'effacer. Pour arrêter notre choix, il nous faut connaître la date à laquelle le *Marion Dufresne* partira de Port-aux-Français, et nous avons beau compter et recompter sur nos doigts, subsiste une hésitation, à un jour près. Le sud du Ross n'est donc pas formellement exclu, à la double condition de disposer de suffisamment de jours et d'une promesse de beau temps.

Deux boîtes de maquereaux au vin blanc, deux de cassoulet, trois de crème dessert avec biscuits à volonté... Au terme du repas, un consensus se dégage pour rester deux nuits dans cette cabane, et on verra bien.

Je me souviens, il y a douze ans, d'avoir fait en une seule étape le trajet entre baie Larose et Armor – au prix d'un départ de nuit à la lampe frontale, de quinze heures de marche avec un sac certes plus léger, et d'une arrivée juste au bord de l'épuisement. Le verdict de la carte m'impressionne rétrospectivement : trente-sept kilomètres !

REPOS

Lundi 14 décembre-22ᵉ jour

Nuit glaciale dans cette boîte en fer pas mieux isolée qu'une grotte, mais nuit sur un vrai lit, où le corps s'abandonne et se repose complètement.

Après un réveil plus tardif que d'habitude, et un petit déjeuner prolongé, nous procédons à des réparations diverses. Mika panse son matelas gonflable d'une rustine, je revisse de mon mieux mon bâton indemne qui donne à son tour des signes de faiblesse, Fred soigne son pied, Bertrand se désespère d'une sandale dont la bride a lâché. À la surprise générale, Fred s'improvise cordonnier, et avec son couteau à lames multiples coupe, perce, pointe, saisit, faufile, et parvient avec le cordon d'une guêtre agonisante à réparer la sandale. Si une révolution culturelle survient et que les élites sont envoyées exercer des métiers manuels à la campagne, son affectation est toute trouvée.

Le temps reste maussade toute la matinée. Rafales de vent, neige au piémont des montagnes, dont les pans restent dissimulés par un plafond bas et peu engageant. La cabane Larose domine une large plage où une rivière vient longer un cordon lagunaire avant de finir à l'océan. Cette configuration convient aux éléphants de mer qui reniflent, dorment, jouent dans l'eau, grognent, s'affairent sur le sable gris ou remontent plus avant dans l'eau douce peu profonde et sans remous, puis ils s'affalent pour une sieste dans l'une des centaines de baignoires creusées par les générations précédentes. D'importants groupes de jeunes manchots royaux, solennels dans leur habit noir, jabot blanc et cravate orangée, attendent on ne sait quoi, les pattes dans l'eau douce ou dans le sable, et parfois se déplacent en file indienne, comme s'il leur importait soudain d'être ici plutôt que là. Ils ont deux vitesses de marche, l'une lente et dandinante, les ailerons près du corps, l'autre rapide et saccadée, les ailerons écartés en guise de balanciers. Immobiles, ils se couchent parfois sur le ventre et miment une couvaison. Debout, ils tendent le bec vers le ciel, ou regardent fixement droit devant eux, ou, en position de sommeil, enfouissent la tête retournée à l'envers dans la naissance de l'aileron. Les skuas planent, à l'affût. Plus loin, plus haut, toujours les goélands.

De gros rouleaux déferlent sur la plage. L'anse, jusqu'au doigt de Sainte-Anne, est un peu protégée par deux îles, l'une fortifiée, l'autre toute plate, et quelques îlots affleurants. La lumière du matin, douce et précise, à la fois chargée d'humidité et sèche comme un fusain, évoque la Bretagne hors saison, après le passage d'une tempête.

Je retourne explorer la cabane. Sur une étagère, quelques revues dépareillées, l'actualité d'il y a vingt ans ; et, dans une boîte en fer, des jeux de cartes et un seul livre, *Peuple du ciel* de Le Clézio. Je suis ému, non pas que le hasard me conduise à cet écrivain, mais de la dédicace qu'il porte : d'une maman à son fils, pour ses vingt-trois ans. L'ingrat a abandonné sans scrupules son cadeau en ce lieu.

D'ordinaire, je suis un lecteur compulsif. Ma famille me reproche assez de ne pas pouvoir m'empêcher d'ouvrir tout livre qui passe à ma portée, et de lui donner sa chance. Ici pourtant, alors que nous musardons sans but, que j'ai ouvert cette boîte par mince curiosité, je n'éprouve aucune appétence, aucune tentation de m'asseoir sur le banc et de me plonger dans cette œuvre du Prix Nobel. Mon cerveau ne réclame pas sa pitance. Le présent m'occupe donc si entièrement qu'il ne laisse aucune place à l'imaginaire ? Je n'ai simplement pas le goût de lire. Un peu comme la sexualité, et au fond pour les mêmes raisons, la lecture s'est détachée de moi en silence. Ces trois semaines m'ont réduit à l'essentiel : des muscles, et une volonté.

Pourtant, sous mes yeux, les lettres savent encore se combiner et former des mots, les mots font sens, et partent, et s'envolent, et m'échappent, se réinventent, se font écho, m'adressent des messages ambigus.

Dans la cabane secouée par le vent, « peuple du ciel ». Je ne sais pas ce que voulait dire l'auteur, mais j'entends de ce peuple qu'il a noué d'autres liens qu'avec la Terre. À cette aune, que sommes-nous tous les quatre ? Une tribu australe provisoire, nomade des souilles et des fjords ? Des ouvriers du jardin d'Éden enfuis par la porte sud ? Un minuscule clan kerguelénien en congé de l'humanité ?

Le défi de ce titre m'impressionne. Récusant le hasard, j'en ressens la force, que dis-je, la puissance magique. D'instinct, je le remets dans la boîte en fer où je comprends qu'il faut l'enfermer. Quoi, j'ai peur d'un livre ? Pas vraiment, mais enfin, dans un tel lieu, on ne saurait être trop prudent.

Après un nouvel examen de la carte – et Dieu sait combien de fois nous l'avons regardée ! –, Fred fait une proposition de compromis : puisque le sud du Ross nous effraie, rester au nord, mais au plus près, en passant par le plateau des Névés, au-dessus du val Sénestre ; de là, par un col innommé à neuf cents mètres d'altitude entre le dôme du Père Gaspard et le volcan, que je baptise illico col Gaspard, retomber sur le haut de la vallée Olsen. Si les nuages s'élèvent assez, le Ross se dévoilera. Et en cas de difficulté, nous pourrons toujours redescendre et nous évader vers les vallées qui bornent au nord le massif. Ce projet nous séduit tous.

Après un déjeuner pantagruélique, Fred préfère rester à la cabane et reposer son pied en voie de guérison. Bertrand, Mika et moi partons vers le doigt de Sainte-Anne, par le bord de mer. Devant nous se déploie une formation géologique singulière, le Peigne. Cette petite falaise ocre domine la rivière et la plage, sur plusieurs centaines de mètres de large, en demi-cercle convexe face à l'océan. Une quinzaine de profondes entailles la rythment, avec à leur pied un éboulis de la même hauteur. Chacune est encadrée par des colonnettes se terminant en pans coupés à mi-pente, avec une maestria digne du Bernin. On imagine le travail délicat des sculpteurs en train d'édifier un monument, et qui pour quelque raison n'ont pas repris le chantier ce lundi.

Mais que peut-on bien vouloir représenter, dans cette pierre gris-vert que le soleil met en valeur ? Incongrue, l'image du mont Rushmore aux États-Unis s'impose à moi. Ce site est parfait pour y sculpter les têtes des quinze premiers présidents de la Ve République. L'inauguration pourra donc avoir lieu dans une quarantaine d'années. Je comprends mieux la lenteur des ouvriers, qui ont juste dégauchi les grandes masses avant sans doute de passer la main à des collègues plus qualifiés.

À l'extrémité sud de la plage, nous remarquons une pièce de bois, visiblement taillée par l'homme. Je n'y vois pas les marques laissées par une scie mécanique, moi qui n'y connais rien, et je veux y discerner seulement des traces d'égoïne, d'herminette, l'œuvre d'un charpentier de marine... Mon imagination s'emballe, et sur cet indice faible, voire inventé, je devine un naufrage au XIXᵉ siècle dans les mers australes, une goélette qui sombre corps et biens, une chaloupe emportée par une lame, une tragédie dont personne ne connut jamais la fin. Les tempêtes d'ouest ont ensuite rejeté cet énigmatique débris.

Un peu plus loin c'est un arbre entier, mince mais de fort belle allure, qui nous arrête. Privé de ses branches, écorcé, blanchi, il porte encore à la base du tronc le nœud gordien des premières racines. Combien de fois a-t-il fait le tour de la terre avant de s'échouer ici ? Combien de temps a-t-il séjourné dans l'eau ? D'où vient-il ?

Dans cette île sans arbres, je pense aux Inuits qui, découvrant sur leurs plages des bois flottés de Sibérie apportés par les courants, et n'ayant aucune idée de ce que pouvait être un arbre, les prenaient pour les ossements de créatures sous-marines. Je partage leur étonnement face à ce végétal, si banal et en même temps si radicalement étranger à ce qui m'entoure, et moi aussi j'ai besoin de légendes.

Oui, d'où vient-il ? Sa dimension indique une terre fertile propice à sa croissance. Je n'imagine pas qu'il ait franchi l'équateur. Alors, Patagonie ? Afrique du Sud ? Madagascar ? Australie ? Nouvelle-Zélande ? Polynésie ? Je ne sais ni l'identifier ni le dater, et je choisis au hasard la Nouvelle-Zélande, les fjords profonds de l'île du Sud. Ayant poussé en bord de falaise, ce hêtre rouge sera tombé dans le Pacifique, et s'est abandonné aux caprices de l'océan, le temps nécessaire pour être purgé de tout ce qui n'est pas essentiel, puis, lisse comme une torpille, aura continué à tourner autour de la Terre dans les quarantièmes rugissants, avant de connaître une troisième vie, immobile à nouveau, à demi ensablé en haut de la plage de la baie Larose.

Après une autre anse, moins considérable, la marée nous interdit le passage en bord de côte d'un promontoire rocheux. Sous la conduite de Mika, il faut s'élever dans une inattendue randonnée du vertige, où le moindre faux pas se terminerait à la mer, ou plutôt dans ces blocs pointus où brise le ressac. Nous arrivons en balcon à hauteur du doigt de Sainte-Anne. Vu de loin, il se présente comme un triangle rectangle de plus de cent mètres de haut. À son pied du côté du large un champignon d'une quinzaine de mètres est posé de biais. Vu de près, le doigt semble recouvert d'un gant bien trop grand, qui plisse et fait des poches aux jointures. Il jaillit directement de l'océan, et reste nettement séparé du relief où nous nous trouvons.

Entre les deux, un corridor à peine au-dessus du niveau de la mer permet d'accéder à l'arrière du doigt. « Vous allez avoir un choc », ai-je prévenu Mika et Bertrand, me souvenant de la manchotière grouillant de vie que j'y avais admirée. Le choc fut pour moi. Dans cet espace, et plus loin à l'abri du doigt, là où les manchots royaux se serraient par dizaines de milliers, ne laissant rien à l'air libre, débordant sur le pied des pentes, piaillant, se disputant, se retrouvant, se promenant en tous sens, je ne vois que de petits groupes épars, errant dans une plaine bien trop grande pour eux. Cette pelouse, cet étang, que je n'avais même pas vus tant la masse de manchots les dissimulait, sont dégagés, à ciel ouvert.

Je m'assieds sur une pierre, un peu assommé par cette découverte. Que s'est-il passé ? Pourquoi sont-ils si peu nombreux ? Ils vont et viennent, mélancoliques. Pour chaque manchot présent, j'en ajoute par la pensée dix, vingt, sans parvenir à reconstituer la densité dont j'ai le souvenir. Ma visite avait pourtant lieu également en décembre, dans l'après-midi...

Bertrand et Mika photographient les animaux, et je ne vois qu'un vide qui me poigne. Lors de l'effondrement de l'Empire romain, après que les Barbares avaient investi une ville et massacré une bonne partie de la population, les survivants devaient errer ainsi, hébétés, devant le théâtre abandonné, les portiques incendiés, les temples souillés, les thermes inutilisables, et des rues et des villas vides, dans un site devenu trop vaste, et trop peuplé d'ombres.

Je contemple non pas un site désert, mais un site déserté. Une manchotière, ce n'est pas qu'une concentration de manchots, c'est surtout le lieu où se déroule la reproduction. Or je ne vois aucun poussin, avec son épais plumage tabac caractéristique, mais seulement des sub-adultes, dont la cravate peine à prendre sa couleur orangée. L'échec de tous les couples et donc à terme assez rapproché la disparition de toute la colonie sont-ils possibles ?

Il paraît que les effectifs diminuent, pour des causes encore mal comprises. Faut-il incriminer El Niño, le réchauffement climatique, la pêche, les maladies transmises par l'homme ? Je n'en sais rien, chacun son métier. Je suis saisi d'une émotion dont la force me surprend, face à ce désastre.

Dans ces terres australes, chacun s'émerveille sans cesse de la flore et de la faune. Du coup, par esprit de contradiction, je feignais jusqu'alors une totale indifférence, prétextant ne m'intéresser qu'aux montagnes. Mon sentiment

profond, plus nuancé, reposait sur le postulat de l'invincibi-
lité de la nature. Et voilà que celle-ci, même en cette extrémité du monde, se révèle blessée, amputée. Et je suis blessé
à mon tour, démuni, appauvri. Pas le temps de réfléchir
ou d'analyser, le sentiment brut et immédiat d'avoir subi
une perte irremplaçable me submerge. Je me sens comme
dépossédé, non d'un banal trésor, mais d'une part de moi-
même si des dizaines de milliers de manchots manquent à
l'appel.

La nature m'importe donc tant ? Que dit de moi cette
tristesse immédiate ?

Je veux en avoir le cœur net. Je continue le long du doigt
de Sainte-Anne, et monte un peu sur une première épaule,
regardant vers le sud.

Quel soulagement ! La manchotière est là ! Les poussins
sont regroupés les uns contre les autres, dans des crèches
qui, vues d'en haut, forment des lignes brunes, ondulant au
sein de la colonie. Tout le reste est occupé par les adultes,
qui montrent soit leur jabot blanc, soit leur dos ardoise, en
une composition abstraite et graphique. Ils se tiennent à
une distance rigoureusement égale, celle d'un coup de bec,
et la répétition du motif produit à distance comme un effet
de moire sur un tissu précieux. Aucun jeune ne se risque
parmi eux, ne vient déparer le tableau.

Les poussins crient, un son criard et monotone, à peu près
celui de ces mini-trompettes, ces sifflets en carton distribués
dans les cotillons pour les fêtes. Ils piaillent, ils reprennent,
ils recommencent sans cesse, avec une constance, une espérance au fond admirables. Jour et nuit, les poussins réclament. Leur plumage tabac n'est pas étanche, ils ne peuvent
aller nager, ils n'ont pas d'autre choix que de rester là et de
pousser leur cri.

Les adultes partent à la mer, ou en reviennent le jabot gonflé de poisson pour leur petit. Ils savent le reconnaître à son appel, pourtant perdu au milieu du vacarme de milliers d'autres, une faible voix dans un immense cocktail assourdissant. L'ayant retrouvé dans la crèche, le parent régurgite la bouillie dans son bec avide. Un skua qui patrouillait dans les airs tente un poser audacieux au milieu du repas, bouscule l'un et l'autre. Si la bouillie tombe à terre, le poussin n'y touche pas et perd la partie. Le skua vainqueur lui vole sa pitance. Au milieu de la colonie, un petit ruisseau encombré de carcasses et de plumes tient lieu d'égout.

La manchotière n'a pas disparu, au sud du doigt de Sainte-Anne. Il y a douze ans, elle occupait aussi la zone nord. Je ne sais pas compter les oiseaux, mais je peux évaluer grossièrement la surface du terrain abandonné : de l'ordre d'un quart. Comme la densité des manchots dans la colonie est constante, faut-il en déduire qu'elle a perdu un quart de ses effectifs ? Impossible de soutenir une conclusion aussi affirmée. Dans mon souvenir, ils entraient par l'un ou l'autre côté du doigt, au nord ou au sud. Maintenant, ils n'utilisent plus que la porte sud.

Mais pourquoi, si la population a en effet diminué, me suis-je senti immédiatement responsable ? Bien des causes naturelles peuvent expliquer une fluctuation des effectifs, la succession d'années de vaches grasses et de vaches maigres. Pourtant, comme une évidence, j'ai battu ma coulpe et demandé pardon.

Nous rentrons à la cabane en contournant par le haut le raide éboulis dominant la mer. Je pars en premier, gravis la pente, traverse un plateau caillouteux, et suis tout fier de trouver tout seul un passage pour la descente. Au plaisir de la marche sans sac et sur un terrain sans pièges s'ajoute le sentiment grisant que sans doute aucun homme n'est jamais passé dans ce vallon, n'a descendu ce pierrier.

Les photographes ont pris leur temps, et je suis presque à la plage quand je les vois au bord du plateau. Il leur faut non pas descendre tout droit, mais continuer un peu vers la mer, où ils trouveront une pente douce. Je leur fais de grands signes, mais en vain. Aucune inquiétude, Mika saura trouver une voie. J'accélère sur le sable, ivre de vent et d'émotions, profitant de la marée basse pour oser des raccourcis parmi les bonbons, dans une lumière rasante d'une douceur infinie.

VERS ARMOR

Mardi 15 décembre-23ᵉ jour

Bien sûr Kerguelen, cette île qui au fond n'existe pas, est un mirage. Depuis son découvreur, chacun s'y noie avec ce qu'il a apporté. Les espérances s'y fracassent, les rêves s'y dissipent, les ambitions y font naufrage, et l'on en ressort hébétés, avec les yeux vides de ceux qui ont croisé le regard de la Gorgone.

Quand j'étais responsable de ce territoire, je devais faire semblant, et prolonger l'illusion sous les lambris des ministères. Maintenant que je ne suis rien qu'un passant, je peux dire que l'île est nue. Kerguelen est une page blanche, sur laquelle nul ne parvint jamais à rien inscrire.

Un crachin breton nous accompagne au départ. Nous longeons la plage, traversons la rivière : moins habile que mes compagnons, j'embarque de l'eau dans mes chaussures, qui ne sécheront pas de la journée. Le temps est couvert, mais ô miracle, pas un souffle de vent.

La traversée de la plaine de Dante me semble plus longue que dans mes souvenirs, mais il est vrai que nous étions alors partis à la nuit et que nous avions cheminé sur les mêmes terrains dans l'espérance de l'aube. Nous avançons d'un bon pas, par d'anciennes moraines latérales ou frontales au profil adouci. La roche Sanadoire se présente sous sa face sud, dominant là aussi le lac de Jougne, et toujours d'une forme et d'une élégance parfaites. L'analogie avec la châsse d'un saint redouble, car son revers présente un bombement central trilobé, comme une abside et ses absidioles sur un reliquaire célébrant la sainte Trinité. La colline où j'avais cru voir un rhinocéros somnole, indistincte.

Enfin la pente s'affirme, l'orée d'une échancrure suggérant un passage se dessine, quelque chose comme un seuil au-dessus de nous qui rompt la barrière continue des montagnes. Le col de Casse Déserte se situe bien au-delà du coude qui ferme le paysage. Le fond et les flancs de cette vallée suspendue exsudent l'eau de toute part, avec une générosité surabondante. Plus haut, plus bas, à droite, à gauche, partout des souilles qui s'alimentent les unes les autres, et dans lesquelles nous pataugeons sans gloire. En matière de fatigue, l'heure passée dans ces marécages inclinés compte double.

Avant d'atteindre le virage, nous appuyons vers le sud, tout droit vers les contreforts du Ross, pour aboutir deux cents mètres au-dessus de la vallée à un premier plateau doucement incliné, sans aspérités, comme s'il avait été aplani par un engin de travaux publics. J'imagine ainsi la Mongolie, le Pamir, les monts Tian Shan : au pied de contreforts enneigés, des immensités caillouteuses à peu près nues, balayées par un vent froid, et qu'aucune emprise humaine ne vient défigurer. Sur ce terrain, la progression est facile, sous les hauteurs du Ross qui ne daigne toujours pas se montrer. Je me retourne pour un coup d'œil d'adieu aux montagnes de Rallier du Baty, brillantes sous un ciel chargé. Là où nous marchons, les cartes mentionnent les glaciers de Pierre Blanche et de Casse Déserte, mais ils ont disparu. Des névés mêlés de terre et de roches les remplacent.

L'extrémité du plateau est barrée par un canyon, que nous contournons par le haut, sur le fil d'un névé pentu. Un second canyon se présente, qui ne laisse d'autre possibilité que de redescendre, dans une glaise noire et grasse, encombrée de blocs instables. Au moins avons-nous dépassé le col et restons-nous au-dessus du triste et interminable val Sénestre.

Fred est loin devant, hors de vue, et Mika et Bertrand décident de manger sans lui, car nous ne trouverons pas de sitôt un creux à l'abri du vent. C'est la première fois que nous déjeunons séparés. Je m'inquiète de ne plus le voir, car bien des drames en montagne se nouent sur une divergence d'itinéraire, marginale au début et qui s'accroît. Et je m'inquiète tout autant d'entendre mes deux compagnons maugréer contre lui. Mika ne revendique aucune autorité, mais la fonction de guide qu'il a acceptée l'amène à se soucier de la progression du groupe, et pas seulement des deux plus lents. Comment peut-il orienter et réguler depuis l'arrière ?

Fred, lui, aime marcher seul et devant. Je le comprends, car j'aime aussi pratiquer de telles échappées – mais elles sont proportionnées à nos compétences : modestes chez moi, étendues chez lui. Où est-il donc, dans ce chaos d'éboulis et de moraines ? Comme la tente est portée par Bertrand et moi, si nous le perdons jusqu'au soir, sa situation deviendra périlleuse.

Nous repartons, et au bout d'un moment revoyons une tache orange en mouvement au-dessus de nous. Une arête franche, raide et ventée nous permet de regagner ce que nous avons perdu en descendant, et même plus, et elle continue en s'adoucissant un peu. Aucune végétation ne s'aventure aussi haut. Des barres rocheuses, étais du Ross, apparaissent dans une brève éclaircie, flanquées de glaciers suspendus.

Une pierre noire verticale, posée sur une pierre noire horizontale, imitant parfaitement une tombe dans ce décor gris, ajoute à l'aspect riant des lieux. Je finis par rejoindre Fred, ou plutôt il s'arrête et se laisse rattraper. En choisissant mes mots, je lui fais part du sentiment de frustration de Mika, et je comprends dans l'instant l'inutilité de mon commentaire : il n'a pas besoin de moi pour constater qu'il a été privé de déjeuner. Il me répond assez drôlement qu'il ne peut pas marcher moins vite.

Mika nous rejoint, je vois qu'il cherche une phrase piquante, puis se retient et se contente d'un : « On ne se serait pas déjà vus quelque part ? » Il n'évoque pas le repas pris séparément. Fred garde le silence. Une polémique, une algarade n'auraient aucun sens et menaceraient la fin de notre aventure. Alors, il sourit légèrement. Il prend sur lui, assurément, mais ne le montre pas.

Je n'interviens pas.

Il faut monter encore, et atteindre le plateau des Névés. En fait de plateau, nous ne verrons que des bosses successives, dans un brouillard tenace qui avale tout. Mika progresse au GPS. Le froid devient vif, nous avons dépassé les huit cents mètres d'altitude. Les rochers portent à l'horizontale de longues et fragiles fleurs de givre, les bourrasques de pluie se figeant et gelant instantanément au contact d'un obstacle. Je ne comprends pas ce long paysage que je traverse sans le voir vraiment, ces bombements successifs d'éboulis séparés par des fossés emplis de neige, ce champ noir et blanc de taupinières géantes.

Et d'un coup, tout change. La brume se dissipe, sous un ciel restant couvert, notre route devient plus franchement orientée au sud. Nous avançons dans de grandes combes, les glaciers du Sélé et de la Pilatte. Mika y reconnaît les noms de leurs homologues du massif des Écrins. La surface damée par le vent porte bien, la glace enfouie n'est nulle part apparente. La neige épure les reliefs. Je crois retrouver une ambiance alpine. Nous les coupons par le travers, comme dans une station de ski le haut de pistes bleues. Comme j'aimerais être le premier à slalomer dans ces larges boulevards d'aspect facile ! La troisième combe serait plutôt une piste rouge, et c'est celle-là qu'il nous faut remonter, pour reprendre environ cent cinquante mètres et contourner par le haut une barre rocheuse. L'effort est rude : souffle court, cuisses brûlantes, chaque pas se mérite.

Un replat, comme les ruines d'une redoute ayant subi le feu ennemi, constitue le point culminant de notre journée et de notre périple : mille cinquante mètres. Dans une atmosphère de course en haute montagne, le spectacle se déploie, zébré de grains de neige, tout un pan de montagnes loin au-dessus d'une vallée qu'on devine à peine.

Nous redescendons ensuite un large névé, et, sur une suggestion de Mika, obliquons pour aller contempler le spectacle depuis le bord de la caldeira, comme accoudés à une fenêtre. Les nuages se déchirent à notre arrivée et laissent voir l'intérieur du volcan : une plaine neigeuse, cinq cents mètres plus bas, au milieu de laquelle trône le piton Central, massive tuyère ; un glacier blanc qui descend des flancs du Ross, et le glacier Buffon, un glacier noir recouvert de pierres et de blocs, qui court au sud jusqu'à l'océan. L'intérieur du cratère a la forme d'un U ouvert à l'est, et qui, de notre belvédère, paraît plat.

Impossible de se faufiler dans l'intérieur de la caldeira, dont la roche volcanique friable ne demande qu'à se précipiter dans l'à-pic. Nous contournons les fortifications de son rebord, toujours dans de vastes champs de neige, vers le col Gaspard. Comme il est encombré d'une haute corniche créée par le vent, visiblement instable, nous passons un peu au-dessus, puis, après une petite pause, entamons la descente, en privilégiant les névés aux champs de cailloux.

Fred choisit à nouveau un chemin parallèle, et j'entends encore une remarque acide de Mika à son encontre. Je le devine blessé par ce qu'il ressent comme une désinvolture de Fred à son égard. Il ne me semble pas que j'aie à prendre parti. Mika me relance au sujet de « ton ami Fred », puisque c'est moi qui l'ai invité à participer. D'une manière sans doute inconsciente, il me somme de choisir mon camp. Je ne réponds pas. Il a la responsabilité d'un quatuor, mais que peut-il faire si le second violon joue une partition séparée et sur un tempo plus rapide ?

Quelque chose est en train de se rompre dans notre aventure, qui jusque-là fonctionnait sans nuages. Mika et Fred sont trop intelligents pour s'affronter directement. Ils savent bien qu'une parole blessante ou un éclat de voix rendrait irrespirable l'atmosphère sous la tente pour les jours qui restent. Bertrand, dans les sports collectifs et dans la Marine, a l'expérience des groupes. Il connaît la nécessité de former une équipe soudée pour réussir. Lui non plus n'apprécie visiblement pas les libertés que Fred se donne, et grommelle.

Faut-il crever l'abcès, prendre la parole, admonester l'un ou l'autre ? Je m'interroge. Mais du haut de quelle expérience ou de quelle légitimité tomberait mon verdict ? Je me tais.

Il faut descendre, quitter le froid, la glace, la neige pour trouver un ruisseau. N'ayant rien bu depuis le matin je m'y abreuve. Non loin, un replat semble parfait pour monter la tente. Le Ross est caché par une bosse, mais vers le nord la vue est dégagée sur le plateau central et le Puy Saint-Théodule, petit volcan remarquable, et vers l'est, la montagne du Pouce, juste en face de Port-aux-Français.

Au moment de soulever les pierres pour lester les jupes de la tente, tout le paysage se met à tanguer, je m'assieds, les voix s'éloignent et deviennent brumeuses. Je m'allonge à même le sol et me sens défaillir. Mes compagnons croient d'abord à une blague, Fred constate une légère hypotension, due sans doute à la déshydratation. Il me fait boire, me réconforte. Je m'exonère de tous travaux et dès que la tente intérieure est montée, je m'y faufile et me glisse dans mon duvet pour une demi-heure réparatrice, les yeux clos. Ce coup de fatigue passager permet peut-être aussi de détourner l'attention des divergences entre Fred et Mika.

Je me souviens des remarques de Mika sur la nécessité de se donner des objectifs clairs et de s'y tenir, dont j'ai chaque jour vérifié la pertinence. Ses objectifs et ceux de Fred ne coïncidaient pas exactement, et l'écart entre eux a fini par apparaître. Cette opposition, quand bien même resterait-elle sans suite, est un tournant dans notre parcours.

Jusqu'à présent, j'avais surtout constaté leur complicité montagnarde, dès le premier jour : choix de l'itinéraire, explorations partagées, appui aux deux moins talentueux. À l'évidence, ils se comprenaient, se respectaient et s'appréciaient. Ces sentiments survivent, sans doute.

Ai-je donné à ce conflit larvé une importance qu'il n'a pas ? Ou ses protagonistes ont-ils l'élégance de le minorer ? Des phrases, des attitudes des jours précédents, que je n'ai pas comprises ou plutôt que j'ai refusé de voir, me reviennent en mémoire et, mises bout à bout, prennent un autre relief. D'une certaine façon, au cours de cette marche, je ne me suis occupé que de moi. J'ai nié jusqu'à l'évidence la naissance d'un conflit, et lorsque celui-ci s'est révélé, je me suis ingénié à ne pas prendre parti. Aveugle volontaire, je me retrouve démuni au moment du retour à la réalité.

Rien de très grave, d'ailleurs – sinon la fin d'un rêve. J'avais cru jusqu'alors que nous vivions comme des anges ou des saints, dans une communion de tous les instants. Cela ne pouvait durer jusqu'au bout. Nous ne sommes que des hommes, avec de banals défauts. L'existence même de cette friction nous rappelle que l'harmonie parfaite résulte d'un miracle, non du simple partage d'une volonté.

En prenant ces notes à chaud, j'interdis à la mémoire de faire son œuvre, de trier, de filtrer, de retenir ce qui compte vraiment. Elle aussi, comme les glaciers, a besoin de temps pour éroder les couches superficielles et laisser à nu l'essentiel.

Lorsque nous serons rentrés, que nous nous séparerons sur les quais de la gare de Lyon, je ne doute pas que nous nous embrasserons sans arrière-pensées, avec ferveur, heureux pour longtemps de ce que nous aurons vécu. L'amertume n'y aura aucune place. La page aura été tournée.

Ce soir, comme si de rien n'était, chacun garde prudemment pour soi ses impressions, voire ses ressentiments. Aucune remarque, aucun sous-entendu ne revient sur ce différend. Sa seule expression directe aura été la phrase aigre-douce et habile lancée par Mika à Fred en début d'après-midi. Cette tension ne s'est pas résolue, mais faut-il qu'elle le soit? Qu'apporteraient un débat général, un grand déballage? Rien. Au rebours de la mode du temps, friande d'émotions bavardes et de groupes de parole, nous nous taisons.

Alors que se déroule la routine du dîner, je ressens une certaine tristesse, laquelle contient aussi sa part de vérité provisoire. J'éprouve comme une désillusion, le deuil de ma naïveté. Qui peut voir dans l'indifférence naître une distance entre ses amis ?

Mercredi 16 décembre-24ᵉ jour

Le camp, à quatre cents mètres d'altitude, est le plus haut du parcours. Un franc soleil nous surprend au réveil. Le ruisseau voisin, qui serpente entre coussins d'azorelle et coussins de neige résiduelle, glougloute aimablement. Vers l'aval, au-delà de la vallée Olsen, les reliefs du plateau central, nettement découpés par une lumière douce, paraissent uniformément bruns, bas, allongés voire alanguis, sous un ciel de porcelaine, orné de nuages bien élevés comme sur un dessin d'enfant.

Sans défaire la tente et sans les sacs, nous partons voir le point culminant de Kerguelen. Depuis le relief qui protégeait du vent notre campement, le mont Ross apparaît, tout proche, en majesté, d'une blancheur irréfutable. Nous surplombons un lac marron, dont les talus, raides, sont constitués de glace poudrée de poussière noire.

Fred a-t-il réfléchi aux tensions de la veille ? Il annonce posément son intention : longer par l'est le glacier Buffon puis monter au sommet de la Table du Cratère, qui se découpe nettement en face de nous et montre un passage évident sur son flanc nord. Bertrand, Mika et moi préférons approcher au plus près du Ross. Rendez-vous à la tente à midi.

Nous remontons une longue moraine latérale, dont la crête en pente douce forme un sentier confortable. Les photographes s'arrêtent, je continue, seul sur cet éperon au-dessus du glacier noir, parfois recouvert de tas de sable couleur safran. Le Ross écrase de sa masse tout le paysage.

Impressionné, je m'assieds sur un rocher. Le vent est tombé. Dans ce silence, j'entends distinctement des bruits proches – les incessantes chutes de pierres provoquées par l'avancée invisible du glacier Buffon – et de temps en temps un grondement plus lointain – des avalanches, des chutes de séracs ou de blocs, des purges de neige sur les flancs de la montagne.

Pour moi qui ne pratique pas l'alpinisme, tout ce qui se situe au-delà de la plaine du cratère, soit les mille derniers mètres, est plus qu'infranchissable. Je n'imagine même pas qu'un homme, si entraîné soit-il, puisse les gravir et ne parviens pas à déceler, dans ce chaos vertical, quelque chose qui ressemblerait à une possible voie.

Nous remontons ensuite un raide éboulis, de grosses pierres noires mal agencées, sans doute une ancienne moraine inactive, pour arriver à son sommet, ou plutôt à un coude, avant qu'il ne tourne et s'éloigne de notre but. Nous sommes exactement en face du Ross, à près de six cents mètres d'altitude. Au-delà du glacier Buffon, nous devinons la plage de la Demi-Lune aux rouleaux du ressac, et à la couleur de l'eau, bleu pâle le long du littoral, bleu outre-mer au-delà. De l'extrémité de la plage s'élève un rempart sombre, tranchant comme une hache. Puis la roche devient franchement noire et s'élève encore, crénelée de formes fantaisistes, des tours jumelles comme à Notre-Dame, des aiguilles penchées, des pics, des crocs, toute une écriture volcanique sur fond de ciel. Plus haut encore, un passage aérien, un gendarme massif, et l'œil est irrésistiblement attiré par une ultime pente, festonnée de pointes, donnant sur une selle neigeuse, juste avant le sommet vrai.

De là, une arête acérée, dentelée, dégringole puis remonte pour aller toucher le petit Ross. Ensuite recommencent les zébrures, les ressauts, les barres, redescendant jusqu'au belvédère où nous nous sommes hissés hier, puis, après un bombement marqué, la ligne de crête s'adoucit et passe hors de notre vue.

Toutes les hauteurs du Grand et du Petit Ross sont plâtrées non pas de neige, mais d'un givre épais, tenace, qui souligne les moindres détails de la roche et parfois dégouline comme un réseau serré de stalactites, à tous les balcons possibles. Juste sous le Grand Ross, un glacier suspendu, et à sa gauche, un autre, bien plus important. Tous deux s'interrompent à une barre rocheuse, et, comme un gâteau de mariage entamé, laissent voir leur tranche sur une centaine de mètres de hauteur. C'est de là, principalement, que s'effondrent les avalanches de glace qui résonnent en se précipitant dans le vide.

Le Petit et le Grand Ross sont chacun gardés, à leur pied, par une forteresse noire, hérissée de pitons en tous sens, fortifications inexpugnables en avant du massif principal.

Plus en avant encore, le piton Central domine et partage la plaine du cratère : derrière lui, tout est blanc, alimenté par les glaciers suspendus ; devant lui, le glacier commence à se couvrir de roches et de débris provenant de ses flancs et des bords intérieurs de la caldeira, donnant naissance au glacier Buffon. Tout ce qui n'est pas neige ou glace est lave refroidie, et sous nos yeux la glace perd la bataille et se laisse ensevelir sous les poussières et les pierres. Le glacier noir coule ensuite lentement, hésite entre deux vallées, puis tourne franchement dans le sens de la plus grande pente, vers le sud.

Nous pourrions rester des heures à contempler cette immensité, dans la gloire inattendue du soleil et le silence du vent. Les chutes provenant des glaciers suspendus retentissent, et mesurent le temps depuis la dernière éruption comme les grains d'un sablier.

Mais enfin il faut repartir, redescendre à la tente. Sur l'arrière nous découvrons le golfe du Morbihan, ses îles, le Pouce, les petites falaises au loin qui marquent la sortie sur l'océan, et quelque part sur la côte, trop minuscule pour être vu de si loin, Port-aux-Français.

Fred nous attend, comme convenu, et nous raconte son excursion au sommet de la Table du Cratère, et la vue, plus élevée mais plus lointaine, sur les mêmes panoramas. Nous déjeunons sous la tente, prenons le temps d'un thé. Personne n'a envie de partir. Plus d'objectif majeur devant nous, plus que le retour, plus que deux demi-journées de marche...

Nous plions le camp et descendons la vallée Olsen, d'abord par des terrasses pierreuses d'où les névés peu à peu disparaissent, puis par des pelouses entrecoupées de zones de cailloux. Inattentif un instant, je m'ensouille jusqu'au genou droit, prends appui sur l'autre jambe pour m'en libérer, et je ne sais comment, tombe à la renverse. Vexé de m'être ainsi fait surprendre, je pousse un cri de dépit. Bertrand se retourne et me voit allongé sur mon sac à dos, je dois le rassurer.

Le torrent dont nous suivons les berges paraît remonter à la sortie du val. Je sais bien qu'ici les eaux ont de grandes libertés, les cascades s'éparpillent vers le ciel, les lacs se déplacent ou disparaissent, mais quand même... Piégé par une étonnante illusion d'optique, l'œil confond le torrent quand il disparaît et les bords des gorges qui, eux, s'élèvent.

Ces gorges se révèlent spectaculaires : étroites, profondes d'une cinquantaine de mètres, au point qu'en m'approchant au plus près du bord je distingue à peine le fond, alors que le bruit du courant dans les cascades et les marmites est assourdissant.

Nous descendons en rive gauche et sommes surpris de découvrir un autre torrent que nous n'avions pas deviné et qui arrive de notre gauche. Que faut-il faire, remonter pour contourner ce dernier en amont ou descendre au confluent ? Fred explore cette seconde solution, qui vue d'en dessus semble un piège. Mais tout en bas de la pente, un passage caché par un surplomb permet d'atteindre l'autre bord de l'affluent.

Tous sautent de pierre en pierre et traversent. Je fais de même, et au dernier saut mon élan ne suffit pas tout à fait. Mes bâtons ont-ils dérapé ? Mon pied d'appel, le pied droit, se souvient-il de la fracture et renâcle-t-il ? Ai-je sous-estimé la distance ? Je pose l'extrémité de la chaussure sur la rive opposée, avec la sensation qu'il me manque deux ou trois centimètres, que déjà mon sac à dos me tire en arrière... lorsque la poigne énergique de Mika me ramène à l'équilibre et à bon port. Deux ou trois centimètres, la distance entre la réussite et l'accident grave. Je reste un instant assis, le cœur battant, la gorge sèche.

Le bas de la vallée Olsen présente un caractère alpestre, avec ce torrent issu des gorges et désormais joyeux, des herbes, des pissenlits en fleur, quelques oiseaux en patrouille. Dommage qu'il soit un peu tôt pour camper, je

me verrais bien dresser la tente dans ce creux sec et enso-
leillé.

Nous continuons jusqu'à l'anse du Radioléine, et le fond
de la baie auquel elle conduit, encore une large plaine de
graviers où se nouent et se dénouent les bras de la rivière
des Galets qui descend du val Sénestre, et de la Clarée,
déversoir du très long lac d'Hermance. Une première traversée, presque à la plage, nous met en confiance. Nous
continuons sans nous écarter trop de la mer. Un bois de
renne gît dans la mousse, je le ramasse et l'attache à mon
sac à dos. Leur repousse annuelle sur une espèce introduite
m'autorise cet unique prélèvement. Dans un ruisseau que
nous enjambons, bien plus profond que large, Mika nous
fait remarquer profusion de truitelles, introduites elles
aussi. Quelques bonbons se reposent.

Devant nous, le Puy Saint-Théodule, modeste volcan
bien marqué, borne notre étape. Entre lui et nous, la Clarée
méandre en de multiples bras. J'enlève chaussures et pantalon, et les franchis l'un après l'autre, ainsi que les bandes
de fins graviers qui les séparent, en sandales et surpantalon. Cette précaution se révèle excessive, l'eau atteignant
rarement et ne dépassant jamais le genou. Dans certains
coudes où le flux est calme, réchauffé par le soleil désormais sans nuages, l'eau sur fond de sable noir me semble
presque chaude.

Cette traversée de rivière est la dernière. Nous avions
identifié de tels obstacles comme les points les plus incertains, voire les plus dangereux de notre parcours. Les bas-
sins versants de ces cours d'eau sont peu étendus et leur
débit varie fortement : le soleil fait fondre la neige et la
glace, la pluie ruisselle sur des sols détrempés. Les journées
grises et froides paraissent les plus favorables. Nous avons

eu de la chance, et hormis le déversoir des lacs Louise et la rivière précédant le lac Athéna, jamais les rivières ne nous ont opposé de réels obstacles. Je remets mon pantalon et mes chaussures. Aurai-je jamais d'autres occasions de pratiquer de tels franchissements?

Nous montons le camp sur la rive gauche de la Clarée, avec une célérité record et pour la dernière fois. La caverne de Puy Saint-Théodule ne nous attire pas. Fred et moi nous souvenons de remarques convergentes : un trou humide, venté, en pente, bref un abri de fortune, bien loin du confort de notre tente.

J'écris ces lignes face au Ross, qui domine le paysage, au-dessus de la pyramide Branca et de monts indistincts, de la Clarée dont les eaux sereines accrochent les rayons du soleil déclinant. Tous mes vêtements sont secs, ce qui ne s'était pas produit depuis la cabane Mortadelle.

Puy Saint-Théodule est un carrefour. Demain, nous prendrons vers l'est, et la base abandonnée d'Armor où nous devrions être récupérés. Mais nous pourrions obliquer vers le sud. En une journée, nous arriverions à Port-Jeanne-d'Arc, et son usine baleinière désaffectée; en trois jours à la confortable cabane de Sourcils Noirs, juste au-dessus d'une importante colonie d'une espèce d'albatros portant ce nom; en quatre jours, passant de la péninsule Jeanne d'Arc à la péninsule Ronarc'h, à la cabane Phonolite, maison de poupée tout en bois; en cinq jours, à l'abri de Port-Douzième, sur le golfe en face de Port-aux-Français. Et puis il faudrait traverser, continuer, faire le tour de la vaste péninsule Courbet, par les grandes plages et l'immense manchotière de Ratmanoff, puis à nouveau des reliefs marqués sur la côte nord, continuer encore et boucler la boucle à la cabane de Val Travers... Mais le calendrier du *Marion Dufresne* s'impose à nous.

J'avais pour projet de réaliser une traversée intégrale de Kerguelen. Du nord au sud puis à l'est, en s'approchant aussi près que possible du Ross. Mission accomplie.

Serait-elle plus intégrale si nous avions ajouté aux trois péninsules, Loranchet, Rallier du Baty et Gallieni, les trois autres, Jeanne d'Arc, Ronarc'h et Courbet ? Sans doute. Un collier paraît plus beau avec six diamants qu'avec trois. Mais pourquoi s'arrêter ? Pourquoi ne pas aller explorer aussi la péninsule Joffre, la presqu'île de la Société de Géographie, et tous ces lacs, ces monts, ces fjords, ces plaines, ces cols, qu'une traversée intégrale ne saurait ignorer... Il faudrait toute une vie, voire plusieurs, pour prétendre avoir parcouru intégralement la grande île – et resteraient encore les autres îles de l'archipel : les îles du golfe du Morbihan, Australia, Haute, Cimetière, Longue, Verte, Suhm, Mayès, et puis toutes les autres, l'île de l'Ouest, l'île Foch, les îles Nuageuses, et l'îlot Solitaire loin dans le sud...

La traversée intégrale est un leurre, au mieux une asymptote. Nous avions vingt-cinq jours et en avons fait le meilleur usage, en parcourant les péninsules les plus éloignées de Port-aux-Français, les plus inaccessibles. Nous avons à peu près dessiné la lettre K, sauf son bras supérieur, sur la carte de Kerguelen.

Intégrale ? Que signifie cette exigence, quelle valeur ajoutée est-elle censée conférer ? Et d'ailleurs, que serait une traversée intégrale de l'Hexagone ? Strasbourg-Hendaye ? Brest-Menton ? Ou toute autre ligne entre deux points extrêmes ? Il suffit de poser la question pour comprendre qu'elle n'appelle pas de réponse univoque.

Il me faut avoir presque terminé notre parcours pour comprendre que la traversée intégrale que je voulais faire n'existe pas. Je marchais à la poursuite d'une illusion.

Cette conclusion me convient. Kerguelen ne se laisse pas conquérir. Si je me retourne sur mes pas, je ne vois ni traversée intégrale ni traces de nos chaussures, rien qu'un paysage inchangé dans lequel nous nous sommes inscrits un bref instant et qui nous a déjà oubliés. Lui seul peut être qualifié d'intégral.

Je crois désormais connaître cette île en entier, et je reste ignorant.

Nous dînons de fort bon appétit, et puisque ce repas du soir est le dernier et que notre fringale semble sans limites, nous avalons aussi avec une joyeuse mauvaise conscience le repas de sécurité dont, c'est désormais certain, nous n'aurons pas besoin.

Jeudi 17 décembre-25ᵉ jour

Premier levé, je vais m'asseoir dans les acaenas pour écrire, et admirer encore le Ross, déjà mis en gloire par le soleil, quand tous les autres reliefs demeurent indistincts. Dans la nuit, un long grondement sourd nous a intrigués – sans doute une monumentale chute de séracs.

Mika, Fred, Bertrand, n'en prenez pas ombrage. Après vingt-quatre nuits à quatre dans une tente conçue pour trois, vingt-quatre jours de marche, de repos et de discussions partagés, vingt-quatre jours en votre compagnie exclusive et amicale, il me tarde d'être ce soir au restaurant de Port-aux-Français : apparemment pour savourer un repas normal, préparé par un cuisinier avec de vrais ingrédients et où je pourrai me resservir à satiété ; apparemment pour être assis sur une chaise, à une table, dans une pièce chauffée et éclairée ; apparemment pour utiliser assiette, verre et couverts, incroyablement propres et qui seront lavés après usage ; apparemment pour sortir de cette pauvreté olfactive et redécouvrir toutes les odeurs, nobles ou serves, d'une cuisine ; en fait pour me retrouver au milieu de quatre-vingts personnes, toutes inconnues. J'échangerai quelques civilités avec mes voisins de table. Dans ce groupe de rencontre, où les hommes seront bien plus nombreux que les femmes, où il n'y aura ni enfants ni vieillards ni malades, ce soir, je retrouverai l'humanité, en tout cas un de ses avant-postes:

Oui, l'humanité tout entière, dans un échantillon aléatoire et non représentatif : les timides, les instruits, les non-fumeurs, les brunes aux cheveux courts, les bricoleurs, les endormis, les sportifs, les passionnés de mécanique, les Réunionnais, les premières de la classe, les gratteurs de guitare, les crânes rasés, les végétariens, les lecteurs de bande dessinée, les gauchers... Tous seront là, nous serons assis à leurs côtés, et ils poursuivront leurs conversations de la veille sans nécessairement s'occuper de nous...

Les semelles de mes chaussures neuves se sont usées sur ce terrain presque toujours abrasif. Mon pantalon souffre de quelques accrocs. Pour le reste, hormis la perte d'un bonnet et les pansements sur ces bâtons que j'abandonnerai sans remords dans quelques heures, mes affaires ont plutôt bien résisté. J'ai toujours conservé au fond de mon sac une tenue de nuit chaude et sèche, mon duvet n'a jamais été trempé. J'ai toujours dormi ma foi assez bien, sauf quand une tempête secouait la tente dans tous les sens dans un vacarme infernal.

J'ai dû resserrer de trois crans ma ceinture, et vérifierai sur la balance de l'hôpital de Port-aux-Français que j'ai perdu six kilos. Si je tiens compte des jours de repos ou de marche sans le sac, j'ai perdu ce poids en vingt jours, soit, pour chaque jour d'effort soutenu, l'équivalent d'une plaquette de beurre. Et pourtant, j'ai toujours mangé de bon appétit et n'ai jamais éprouvé de sensation de faim. Kerguelen ne m'a pas amaigri, mais séché.

L'île a sculpté mon corps, musclé mes jambes, affiné ma silhouette. Je me sens plus affûté. Ma cheville droite, brutalisée par cette rééducation énergique, n'osera plus se plaindre. Ma résistance au froid a augmenté.

Je devine aussi que les journées qui suivront le retour seront mélancoliques. Il y aura, bien sûr, la joie de retrouver ma famille et mes proches, et le long délassement du corps. Il y aura le retour à la vie normale : le travail, le téléphone, les feux rouges, les supermarchés, les voix d'enfants dans la rue, les factures, le cinéma, les arbres, les journaux et la rumeur du monde... Il y aura aussi hélas ces récits que l'on me demandera sans cesse, avec une involontaire perversité, et où je bafouillerai : comment résumer ces vingt-cinq jours en quelques phrases sonores ? Il y aura, longtemps, ces moments de vide où l'œil s'égare, où le présent cessera de m'intéresser, où en silence et sans prévenir quiconque je m'évaderai vers le sud extrême.

Et je redoute encore plus ce qui suivra, l'invincible grignotage de l'oubli. Les notes de ce carnet, les photographies de Bertrand et Mika préserveront quelques éclats, des Mont-Saint-Michel isolés pendant que montera, jour après jour, inexorable et souveraine, la marée qui engloutit tout et ne connaît pas de jusant. Contre notre volonté, elle effacera l'essentiel, la continuité de l'effort et des jours, et ne laissera subsister que des instants choisis, décousus. Faute de mieux, nous les chérirons, mais avec la conscience de tout ce qui manque entre eux, les réunit, et a forgé notre périple.

Et même... même ceux qui m'entendront raconter comme ceux qui plus tard liront ce livre ne percevront que quelques aspects, épurés, retravaillés, partiels. De l'expérience entière telle que je l'ai vécue, ils ne sauront rien et ne pourront rien savoir. Le récit, oral ou écrit, ne peut prétendre représenter une réalité. Il en donne seulement un aperçu, lointain, insincère, troublé, gauchi, qui se donne les oripeaux de la vérité. Ce qui s'est passé pendant ces vingt-cinq jours est insusceptible de transmission. L'alambic du souvenir est un leurre. Dès demain, quoi que je fasse, je commencerai d'être infidèle à notre traversée.

Rien ne bouge ce matin dans la plaine de la Clarée. Quelques éructations d'éléphants de mer invisibles montent d'une terrasse en contrebas. Des manchots royaux juvéniles, cinq ici, trois là, trempent leurs pattes dans les méandres. Ils ignorent que je vais les quitter, ou s'en moquent. Aucun ne me supplie de rester. J'ai été, je demeure mineur et transitoire...

De l'autre côté, la vallée Olsen et ses gorges forment une zone d'ombre entre deux plateaux que le soleil a maintenant réveillés, et conduisent l'œil vers le Ross, par une série de longs névés en travers. Ces pentes dissimulent le cratère central, et relativisent, à droite, le dôme du Père Gaspard, éminence secondaire, et à gauche, plus proche, la pyramide Branca, phare massif. Le Grand Ross présente sous cet angle une face verticale presque entièrement blanche, sauf un liseré noir qui souligne l'arête sommitale. Le Petit Ross, lui, ne laisse pas la neige s'accrocher, et domine une haute falaise volcanique d'un seul tenant. De l'épaule du Petit Ross descend une ligne brisée qui revient vers le sud-est et où je reconnais le bord de la caldeira. Quelques bancs de nuages ciselés couronnent le tout, comme un souvenir du temps où ce géant crachait des ouragans de fumée et redessinait ses confins.

À l'évidence, le mauvais temps approche. L'impression

absurde, détestable, de dernier jour des vacances s'en trouve renforcée.

Nous levons le camp sans nous presser et montons sur un premier plateau, par une pente douce et sans obstacles, qu'un autre jour je n'aurais même pas remarqué. Mais là, dès les premiers mètres, et alors que mon sac n'a jamais été aussi léger, une révolte générale gronde. Le cerveau, ce grand manipulateur, ce factieux hypocrite, a informé les muscles de l'arrivée prochaine, et sur la foi de cette assertion ils maugréent, ils refusent de rendre le service que j'attends d'eux, et le font savoir de mille manières, une douleur piquant la fesse, une crispation dans la cuisse, un genou renâclant à plier, des orteils gémissant. Face à cette sédition généralisée, je hausse le ton, je supplie, je menace, mais que faire d'autre sinon négocier ? Je leur promets, pour ce soir dernier délai, une longue douche chaude, un meilleur dîner, un lit avec des draps, et deux semaines de repos absolu ensuite. Nous signons un compromis sur cette base, avec la menace d'une grève générale illimitée si je ne tiens pas parole.

Rien de plus simple que le trajet de ce matin, une ligne droite plein est jusqu'au volcan du Diable, puis plein nord jusqu'à Armor. Mais le plateau est coupé de failles, de vallons, de canyons en travers de notre progression. Il faut chaque fois descendre une cinquantaine de mètres et remonter en face, et recommencer un peu plus loin. La répétition narquoise de ces fossés ralentit la marche et devient, à force, irritante. Nous atteignons l'un puis l'autre fond de l'anse aux Écueils, bifide. Dans le lit d'un ruisseau à sec, il nous faut une dernière fois réussir quelques pas de désescalade, comme pour rappeler qu'ici rien n'est jamais acquis sans peine.

La remontée droit dans la pente amène, après un cairn qui confirme la direction, à un vaste panorama où nous découvrons une série de bombements faiblement marqués occupant tout l'horizon au nord : le plateau central, coupé de fjords et de longs lacs que nous ne voyons pas. Le vent y souffle sans retenue, et de préférence contre nous.

Les berges du beau lac Lancelot, d'un bleu éclatant sous un ciel de plus en plus menaçant, nous invitent à déjeuner, à l'abri d'une petite avancée de falaise. Dans cette ambiance arthurienne, où est la dame du lac ? Aucun de nous ne parvient à se rappeler les détails de la légende bretonne. Ultime boîte de sardines, ultime plaquette de chocolat, ultimes plaisanteries...

Au bout du lac se profile la silhouette du volcan du Diable. Je suis monté à son sommet douze ans plus tôt, par une étroite cheminée de scories, aussi raide que friable. Recommencer ne me tente pas. Mika et Bertrand prennent pied sur une large épaule qui doit les y conduire, pour profiter de ce belvédère et photographier le golfe du Morbihan. Fred et moi passons à son pied, là où les laves durcies, noires ou tirant sur le rouge, serpentent vers la plaine et laissent voir ce qui fut la cheminée du volcan actif.

Le lac d'Argoat est bordé d'une élégante plage de sable gris clair, inattendue et bienvenue sous les pieds. Un saumon, dont ne restent que la tête reconnaissable et l'arête dorsale, y est échoué. Sur un contrefort voisin, un chat noir traverse en bondissant une pelouse d'acaena.

Argoat se déverse dans le vaste lac d'Armor par un bref torrent. Le vent, qui s'est renforcé, parcourt Armor dans toute sa longueur et parvient à lever de courtes vagues, perlées d'écume, qui déferlent et brisent à mes pieds.

J'attaque le dernier kilomètre, dans les bourrasques. Le

dernier de combien ? Mika chaque soir relevait notre bilan quotidien et nous en informait, mais je ne les ai pas notés. Je me souviens du record, vingt-quatre dans la péninsule Rallier du Baty, et des jours de tempête dans celle de Loranchet où nous en abattions à peine douze. En déduire une moyenne, seize ou dix-sept, la multiplier par le nombre de jours diminué de trois jours de repos, soit vingt-deux. Le résultat, entre trois cent cinquante et quatre cents, m'importe assez peu. Que veut dire un kilomètre de marche, en de pareils terrains ? La réalité objective et chiffrée de ce raisonnement ne correspond à rien, voire trahit ce que nous avons vécu. Aucun compteur à nos chaussures. Je récuse le mensonge des kilomètres.

Cet ultime effort contre le vent se déroule en terrain plat. Fred estime à dix-sept mille mètres le dénivelé accumulé. Je lui laisse la responsabilité de ce décompte, et de son interprétation. Trop global, trop abstrait, il ne me parle pas. Chaque montée fut un effort, chaque descente un risque, et leur alternance rythmait nos journées comme un cœur qui bat lentement.

Au milieu de la plage d'Armor, un très modeste rognon cache le bout du lac. Je le gravis en dix pas, et la base abandonnée d'Armor apparaît tout d'un coup.

L'œil est d'abord attiré par deux vastes réservoirs bleu pastel, coiffés d'un toit conique rose bonbon : la forme de yourtes mongoles, avec les couleurs d'un chapiteau de cirque dans un dessin d'enfant, naïves, inattendues sous ce grand ciel plombé. Ne manque plus, tendue entre les deux, qu'une banderole « Arrivée ».

Les autres bâtiments se détachent juste après : trois édicules techniques sur un replat dominant la mer, un jaune, un bleu, un vert ; un mât de pavillon auquel aucun drapeau ne flotte; la base vie, structure métallique préfabriquée, beige clair, piquée de rouille, d'une trentaine de mètres de long, face au lac.

À l'intérieur, une cuisine, une salle commune, et six chambres pour deux personnes, à l'abandon. Les fenêtres côté nord sont cassées et laissent entrer le vent et la pluie. Depuis ma dernière visite, la structure s'est abîmée. Elle résiste encore, mais décline. Un petit stock de vivres y attend les rares visiteurs. Une boîte de crème de marrons ne résiste pas à notre avidité.

Armor a été construit pendant les années 1980, pour un projet ambitieux : l'élevage de saumons, dans les eaux froides du lac. Le territoire et une société de pêche réunionnaise espéraient commercialiser le poisson le plus pur au monde. Le lac d'Armor, séparé de la mer par un étroit seuil rocheux, paraissait un site idéal pour un tel développement. Tous les matériaux ont été transportés par voie maritime depuis Port-aux-Français. Des cuves, des réservoirs, des bacs, toute une installation destinée à favoriser l'éclosion des œufs a été mise en place. La qualité exceptionnelle des eaux et de l'air promettait le succès.

En moins de dix ans, les process biologiques ont été maîtrisés, les espèces les plus prometteuses se sont développées. La phase de production d'un saumon haut de gamme pouvait débuter.

Hélas, au même moment le saumon de Norvège envahit le marché français, ne laissant aucun espace commercial à celui de Kerguelen, aux coûts bien plus élevés. Armor est abandonné, alors que techniquement le projet avait atteint sa maturité.

Cet échec illustre une malédiction. Tous ceux qui ont cru pouvoir faire fortune à Kerguelen ont échoué : Kerguelen lui-même, qui voulait à toute force voir des arbres, du charbon, de l'or, des diamants; les frères Bossière, qui à Port-Jeanne-d'Arc ont fait exploiter la graisse des baleines et autres mammifères marins; le baron Decouz, qui en 1912 tente l'élevage ovin; les moutons toujours, encore une fois à l'initiative des infatigables Bossière, en 1928 à Port-Couvreux; la SIDAP, qui au sortir de la Seconde Guerre mondiale chasse encore les éléphants de mer; les géologues qui ont parcouru l'île pour y trouver des ressources exploitables, et ont déchanté, n'ayant découvert ici ou là que de minces couches de mauvais charbon; enfin ce projet inabouti de ferme de saumons.

Les trésors de Kerguelen ne sont ni monétisables ni exploitables. Cette île n'a jamais enrichi personne. Tout ce que la nature donne à profusion reste sur place. Un seul produit d'exportation, le rêve – le rêve décliné en souvenirs, en désirs, en timbres, en nostalgies, en images, en contemplations... De ce fret-là, je me revendique négociant.

Au bout du seuil rocheux sur lequel la base est construite, un quai bétonné, avec une minuscule pancarte en bois peint, « Armor », au cas bien improbable où un voyageur distrait aurait hésité à quelle estacade interrompre son voyage. Un fjord sinueux s'y termine. J'aurais aimé que par un coup de baguette magique Laurence et nos deux filles y apparaissent et que je puisse les serrer dans mes bras toutes les trois d'un même geste. Mais ce décor et cette lumière sombres ne sont pas propices aux miracles. Elles n'ont pas embarqué à La Réunion sur le *Marion Dufresne* le 1er décembre pour venir m'en faire la théâtrale surprise. Leur absence palpable flotte devant moi. Chaque pas de cette aventure m'éloignait d'elles. Ces derniers mètres m'y ramènent.

Je m'assois, les jambes pendantes au-dessus de l'eau. Je suis arrivé. Sans forfanterie, je suis fier d'avoir réussi. La réalisation de ce rêve n'en diminue pas la magie. J'ai vu, à satiété, ce que je voulais voir. Je me suis éprouvé et j'ai tenu bon. J'ai été continûment heureux pendant tous ces jours. Ce n'est pas rien.

Cette pérégrination ne m'a apporté ni sagesse ni philosophie nouvelles, et d'ailleurs je ne lui en demandais pas tant. Au terme du dernier pas, je ressens seulement la force d'un sentiment innommé, mêlant à parts égales gravité, sérénité, sobriété. Comme si ces paysages abrasifs avaient arasé en moi toutes émotions secondaires. Un renoncement accepté d'avance à toutes les sollicitations sans réelle importance. Quelque chose comme une ascèse, mais purement physique.

Des goélands tournent, inquisiteurs. Les rochers de part et d'autre sont couverts d'un épais tapis de moules. Marée haute. Le bruit d'un moteur se fait entendre, une vedette apparaît avec trois silhouettes en combinaison jaune. On ne nous a pas oubliés.

Des phrases rapides sont échangées. Nous revêtons les indispensables cirés pour affronter à trente nœuds le dédale des îles du golfe du Morbihan et la houle transverse, pendant une heure, en direction de Port-aux-Français. Le ciel chargé menace d'ouvrir ses cataractes, la pluie raye déjà l'horizon. Il est grand temps de partir. Un dauphin de Commerson vient nous regarder, blanc dans l'eau noire.

D'une manière certaine, je sais que je ne reviendrai pas, que je ne reverrai jamais tous ces lieux traversés. Cette évidence ne produit pas de tristesse, à peine une légère mélancolie. Quoi que j'en pense, quoi que je puisse faire, je ne suis pas kerguelénien, nul ne peut l'être.

La plage de la Possession est redevenue aussi inaccessible

que la face cachée de la lune. Elle n'a pas besoin de mon regard ni de mon témoignage. Ce 9 décembre, où nous nous y sommes invités, au fond n'a jamais existé.

Jamais je n'organiserai d'autre expédition de marche. La conjonction de temps, d'amitiés, d'heureux hasards et d'opiniâtreté qui a rendu cette aventure possible ne saurait se reproduire. À mes yeux, aucun autre endroit sur terre n'est doté d'une telle force d'attraction. Jamais ne reviendra ce sentiment essentiel qui m'a porté tout du long : celui d'une rencontre avec une terre inviolée, et, à travers elle, avec moi-même.

Les seuls sortilèges de Kerguelen sont ceux que j'y avais à distance projetés. Ils ne se sont pas pour autant évanouis lors de mon passage. Mes rêves et ces reliefs ont exactement fusionné. Mes rêves sans illusions avec ces reliefs sans faiblesses. Quelque chose s'est accompli et m'a libéré. Il m'est désormais possible de prendre congé.

Je pose un pied sur le boudin de l'embarcation pneumatique, dont le patron s'impatiente. J'hésite une seconde, regarde en arrière la montagne tabulaire et ses orgues basaltiques qui dominent le site du lac d'Armor, les nuages lourds, un vol de cormorans fuyant je ne sais quoi, cette lumière d'orages et de bronze.

Toute l'humanité descend de Caïn, et de son exil à l'ouest d'Éden. Depuis Port-aux-Français, il nous faudra obstinément faire route au nord pour rentrer chez nous. Nous ne verrons jamais le jardin d'Éden. Nos yeux sont restés grands ouverts. Nous avons seulement vu par effraction le sud d'Éden.

Je ne peux rester ainsi en déséquilibre, au risque de tomber à l'eau. Mes compagnons sont déjà tous installés. Je dois les rejoindre. Mon pied droit à son tour quitte le quai.

Le fil que j'ai obstinément cousu sur la carte de Kerguelen depuis vingt-cinq jours, qui à partir du cap d'Estaing va vers le sud, serpente entre les reliefs de Loranchet, tangente la calotte glaciaire Cook d'aussi près que possible, traverse les rivières, court dans les sandurs de Rallier du Baty, puis file plein ouest pour saluer respectueusement le mont Ross; ce fil auquel j'ai tant rêvé pendant dix ans et plus; ce fil auquel j'ai accroché trois compagnons de valeur et des ambitions un peu au-dessus de mes forces; ce fil qui m'a vu mouillé, transi, barbu, sale, amaigri, malodorant, tanné, épuisé, et pourtant constamment heureux; ce fil si fragile que le plus léger incident aurait pu rompre à tout instant; ce fil si physique et en même temps si littéraire s'arrête ici.

Remerciements

D'abord, évidemment et avec une très profonde et sincère gratitude, à Fred Champly, Mika Charavin et Bertrand Lesort. Ma dette à leur égard est immense.

Ce livre n'aurait pas pu voir le jour sans le concours actif et le soutien notamment financier de nombreuses personnes et institutions. Merci donc à :

— L'administration des Terres australes et antarctiques françaises, les préfets Pascal Bolot et Cécile Pozzo di Borgo, et tous les personnels des TAAF, au siège, embarqués ou dans les districts ;

— La réserve naturelle nationale des Terres australes françaises ;

— L'Institut polaire français Paul-Émile Victor et son directeur Yves Frenot ;

— Les commandants et les équipages du *Marion Dufresne* (armement CMA CGM) et de l'hélicoptère (société Helilagon) ;

— Le chef de district de Kerguelen et à travers lui tous les hivernants de Port-aux-Français ;

— Cédric Marteau ;

— Pascale Arnaud, Jean-Marie Daguenet et Philippe Mespoulhé à La Réunion ;

— Isabelle Autissier et ses compagnons de 1999, pour nous avoir ouvert la voie ;

— La région Rhône-Alpes;
— La société Benedetti-Guelpa;
— La députée Sophie Dion;
— Le département de la Haute-Savoie;
— Et les Éditions Gallimard.
Sans toutes ces bonnes volontés et ces énergies positives, rien n'aurait été possible.
Merci à nos familles d'avoir consenti à nos absences... et de nous avoir accueillis au retour.

Composition PCA/CMB
Achevé d'imprimer
par Normandie Roto Impression s.a.s.
61250 Lonrai, en janvier 2018
Dépôt légal : janvier 2018
Numéro d'imprimeur : 1705463

ISBN : 978-2-07-014885-1/Imprimé en France.

281168